INGEBORG GLEICHAUF
Ingeborg Bachmann und Max Frisch

Für Eberhard

Inhalt

Fremde Nähe 9

Erste Begegnung 19

Bett und Tisch 39

Asphalt oder blaue Gletscher 75

Poesie und Theatralik 115

Erfahrungssucht und wortgetreues Leben 127

Ausflüge ins Unbeschwerte 149

Mord ist keine Kunst 163

Die Nachgeschichte(n) 183

Ausblick 199

Dank 201

Anhang 203
Editorische Notiz 205
Benutzte Literatur und filmisches Material 207
Anmerkungen 211
Register 217
Bildnachweis 219

Fremde Nähe

Sommer 1985

Max Frisch sitzt am Steintisch im Garten seines Hauses in Berzona, Valle Onsernone, Tessin. Ihm gegenüber hat der Übersetzer und Regisseur Philippe Pilliod Platz genommen. Mit ihm ist Frisch seit vielen Jahren befreundet. Pilliod hat mehrere Werke Frischs ins Französische übersetzt, kennt sich also aus in der Schreibwerkstatt des Schriftstellers. Vor ihnen stehen eine Flasche mit Weißwein und zwei Gläser. Manchmal erheben sich die beiden Männer, spazieren im Garten umher. Manchmal halten sie inne, bleiben nachdenklich stehen. Meistens aber sitzen sie am Tisch oder auf dem Verandamäuerchen.

Worum es gehen soll, wurde im Voraus besprochen: Max Frisch gibt dem Freund Interviews, deren spätere Ausstrahlung im Fernsehen geplant ist.[1]

Frisch äußert den Wunsch, es solle bereits im Titel deutlich werden, dass hier ein alter Mann spricht, einem 20 Jahre Jüngeren Rede und Antwort steht. Ein alter und ein junger Mann, und es ist der Jüngere, Philippe Pilliod, der einen gesetzten, gut gekleideten und ordentlich frisierten Eindruck macht. Frischs letzter Friseurbesuch muss einige Zeit zurückliegen, seine weißen Haare sind ziemlich lang, der Wind hat leichtes

Spiel mit ihnen. Aber auch auf Fotos aus früheren Jahren fällt das Zusammenspiel von Haar und Wind immer wieder auf.

Max Frisch antwortet auf jede der Fragen bereitwillig, ruhig, aber nie in vorgefertigten oder auswendig gelernt wirkenden Sätzen. Er spielt nicht die Rolle des geübten Antwortgebers, die er sein ganzes Leben über oft genug eingenommen hatte. Er muss nicht auf Knopfdruck druckreife Aussagen machen.

Vielleicht spielt auch die Gegend, in der die Gespräche stattfinden, eine Rolle: Diese wilde Tessiner Berglandschaft begünstigt offenbar ein freieres Nachdenken und Sprechen. Anspruchslos wie die Natur um ihn wirkt auch Max Frisch. Als habe sie abgefärbt auf seinen Charakter. Max Frisch, der Heimatflüchtige, der Unstete, hier in Berzona scheint er angekommen zu sein, bleiben zu wollen, nicht gleich wieder an Abreise zu denken. Zumindest für diese freundschaftliche Begegnung mit Pilliod fühlt er sich am richtigen Ort.

Die Gespräche folgen einem gleichmäßigen Rhythmus, Frisch und Pilliod verstehen sich, haben sich schon vor diesen Interviews verstanden. Der Schriftsteller muss keine Angst haben, unversehens durch eine indiskrete Frage in die Enge getrieben zu werden. Er sieht sich keinem voyeuristischen Blick ausgesetzt. Zwischen den Gesprächspartnern geht es vertrauensvoll, offen, gelöst zu. Keine Anspannung, keine Gehemmtheiten. Max Frisch ist faszinierend präsent, argumentiert klar, erzählt flüssig und spannend.

Im Einklang mit der Umgebung, hin und wieder einen Schluck Wein nehmend, scheint nichts die gelassene und doch wachsame Ruhe der beiden Freunde stören zu können.

Bis ein Name fällt: Ingeborg Bachmann. Frisch springt auf, als habe ein Stromstoß seinen Körper durchzuckt, er weicht zurück, nimmt eine Art Fluchthaltung ein. Diese abrupte Reaktion überträgt sich auf die Zuschauer des Films. Es sieht aus wie ein großes Erschrecken, aber das Wort fasst nicht alles, was in diesem Moment da ist, plötzlich sehr nah erscheint. Die Frage nach dem Grund, die Frage danach, warum etwas geschieht, diese Frage, die die Natur nicht stellt, nur der aus der Natur entlassene Mensch. Auf einmal hat sie sich aufgebaut, massiv wie ein Gebirge und so, als gehöre sie dazu, ganz natürlich, schon immer. Max Frisch weiß es. Vielleicht hatte er vergessen, dass diese Frage lauerte, dass sie sich einfach nur für eine Weile still verhalten hatte. Wie beruhigend ist es, in der Natur zu sein, die den Menschen nicht braucht, die in keinen Erklärungszwang gerät, die einfach da ist. Anders aber steht es mit all den Erfahrungen, die Menschen anhäufen im Lauf ihres Lebens, Erfahrungen, die verstanden werden wollen, die ein forschendes Nachdenken herausfordern, keine Ruhe geben. Wechsel der Jahreszeiten, Sonne, Blitz und Donner, wild prasselnder Regen, das Zubereiten und Einnehmen der Mahlzeiten, Reparaturarbeiten am Haus, Gartenarbeit, manchmal der Besuch von Freunden: als ob das nicht genügen könnte, jetzt im Alter.

Und dann stellt der Freund auf einmal die Frage nach Ingeborg Bachmann. Sofort sind die Erinnerungen wieder da. Der Name Ingeborg Bachmanns fällt, als sei es das Natürlichste von der Welt, neben den vielen anderen Dingen auch über sie und die gemeinsame Zeit zu sprechen. Der Gesprächspartner Frischs ahnt es, ja weiß es vielleicht sogar, dass ohne die Begegnung mit Bachmann für Max Frisch fast alles anders gekommen wäre. Diese Beziehung kann nicht einfach nur eine Episode gewesen sein, ein Missverständnis. Wie steht Frisch heute dazu, was bewirkt die Nennung dieses Namens in ihm, hier in Berzona, jetzt, in dieser Stunde?

Ein kleines Zögern: Was war das damals mit Ingeborg, vor fast 30 Jahren, in Paris, Zürich, Rom, in der eigenen und der fremden Sprache, im Sprachengemisch, im Durcheinander der Gefühle, unter dem Diktat des Schreibenmüssens. Eine Liebe zwischen einem Schriftsteller und einer Schriftstellerin. Diese extreme Erfahrung, sie ist eingegangen in Frischs Arbeit, wie sie auch in Bachmanns Werk eingegangen ist, aber das Schreiben hat sie nicht verstehbar gemacht, sondern bloß ausgefaltet. Nach wie vor lässt Max Frisch der Name Ingeborg Bachmann in äußerste Unruhe geraten, ihn seine Grenzen spüren. Den erlösenden Satz, es hat ihn zu Lebzeiten Bachmanns nicht gegeben. Frisch hat sich ins Schreiben gerettet. Wieder und wieder hat er sich selbst und seinen Lesern Liebesgeschichten erzählt, hat verschiedene Frauenfiguren entworfen, ihnen Namen gegeben. Die wahre Geschichte der Beziehung zu Ingeborg Bachmann kann nicht erzählt werden. Das weiß Max Frisch. Und es beunruhigt ihn. Der verwirrende, vieldeutige Anfang, die gemeinsamen Jahre, die Trennung, über die er, Frisch selbst, schrieb: »Das Ende haben wir nicht gut bestanden, beide nicht.«[2] Man mache im Leben vielleicht drei, vier oder fünf entscheidende Erfahrungen. Die Begegnung mit Ingeborg Bachmann habe für ihn zu diesen wichtigsten Erfahrungen gehört. Sie sei damals auf ihn zugekommen auf einem roten Teppich, was für das Zwischenmenschliche gefährlich gewesen sei. Sie hatte Vorrang, und er akzeptierte es. So sieht es der alte Max Frisch. Er denke häufig an sie, aber nicht mit einem Bewusstsein der Schuld, wohl aber mit dem Gefühl der Reue. Schuld wirkt endgültig, trennend, schafft eine letzte Realität. Reue hingegen bewahrt einen Zwischenraum aus ungelebten Möglichkeiten. Daran denkt Frisch jetzt, wenn er mit Philippe Pilliod über seine Liebe zu Ingeborg Bachmann spricht.

Ein Sturzflug sei es gewesen, aber nicht der eines Flugzeugs. Er denke eher an Ikarus dabei. Es ist nicht Altersweisheit, die Frisch so sprechen lässt. Vielmehr eine spezielle Art von Alterswachheit. Immer noch ist dieser Frisch ein Rebell, jemand, der an Utopien glaubt. Wenn einer von Reue spricht, will er nicht recht haben, sich nicht beruhigen in einer Eindeutigkeit, auch nicht in der einer Schuld. In *Montauk* heißt es, sie werde gebraucht, unsere Schuld, sie rechtfertige viel im Leben anderer. Wie recht Frisch hat. Er denkt daran, was hätte sein können, wenn es nicht gekommen wäre, wie es kam. Es hat keinen Schlussstrich gegeben. Auch wenn es aussah, als habe Frisch nach der Trennung von Bachmann einen radikalen Neuanfang gewagt. Noch einmal anfangen kann man auch dann, wenn man mit allem Vorangegangenen noch nicht am Ende ist. In jedem Anfang sind Reste von Vergangenem, führen ihr Eigenleben.

Frisch war nach dem Ende der Beziehung zu Ingeborg Bachmann sogleich in eine neue Liebesgeschichte geflüchtet. Mit der jungen, aufgeschlossenen, belesenen, fröhlichen, kommunikativen Studentin Marianne Oellers glaubte er, die Zeit mit Ingeborg Bachmann hinter sich lassen zu können, Abstand zu gewinnen, einen der für ihn so lebenswichtigen Anfänge zu schaffen. Wieder neu sein, heraustreten aus einer Lebenssituation, die unerträglich geworden ist. Es ist nicht der letzte Rettungsversuch geblieben. Alice Carey, eine junge Amerikanerin, sollte ein paar Jahre später Garantin sein für einen weiteren Neubeginn.

Das Leben kann scheitern, das weiß Frisch. Es ist eine seiner Grundeinsichten. In seinem Werk setzt er sich dauerhaft auseinander mit Möglichkeiten des Scheiterns. Und diese Einsicht in die Fragilität aller Lebensentwürfe gewinnt nun wieder eine starke Präsenz, hier in Berzona, am Steintisch, im Garten unter Bäumen. Dass man dem totalen Scheitern knapp entrinnen, dass man sich jederzeit verlieren kann und dann nichts mehr hilft, auch keine neue Beziehung. Frisch hat erleben müssen, dass er Vergangenes nicht abzuschütteln vermag. Alles, was war, das ganze Ausmaß an Erfahrungen, kann sich jederzeit zurückmelden, in Bildern, Träumen, Worten, Gesten. Es kann unerwartet in den Geschichten Platz nehmen, vielleicht sogar die Hauptrolle spielen. Zu einer blitzartigen Präsenz von Vergangenheit kommt es nun, als der Freund Pilliod die Dichterin Ingeborg Bachmann erwähnt. Es führt kein Weg vorbei an der Gewissheit: Dies war die ganz entscheidende, die herausforderndste Liebesbeziehung, die Frisch eingegangen war in seinem Leben. Eine Beziehung, deren Wirkung nie nachgelassen hat, das wird ihm jetzt von Neuem bewusst. Aber ist sie wirklich so restlos gescheitert, diese Liebe? Kann man von vollkommenem Scheitern sprechen, wenn etwas derart intensiv weiterwirkt, die Arbeit befeuert, einen immer wieder in eine verwirrende Unruhe versetzt? Oder ist es wie in vielen Büchern Frischs: Gerade dann, wenn man meint, dies sei eine Geschichte, die zwangsläufig ins Scheitern, in den Untergang führt, erheben sich kleine Inseln des Unmöglichen, die Hoffnung machen. Max Frisch hat den Faden zu Bachmann nicht zerschnitten. Er arbeitet an dem hauchdünnen Gewebe, das Erinnerung heißt.

Mit Ingeborg Bachmann kann in diesem Frühjahr 1985 kein Interview geführt werden. Sie ist seit zwölf Jahren tot. Sie kann auf Frischs Unruhe nicht mehr antworten. Die Frage nach dem Verlauf ihrer Beziehung zu Frisch hat auch sie immer wieder gestellt. Sie wollte ebenfalls verstehen, hat nach Gründen gesucht für das rasche Ende. Und hat für sich herausgefunden, dass diese Frage ins Nichts führt, dass es eine Frage ist, die Abgründe öffnet. In ihrem Schreiben hat auch sie Liebesgeschichten entworfen, Männerfiguren erfunden, ihnen Namen gegeben, ein- und mehrsilbige, und die Frage gestellt, ob man einen Mann mit einem einsilbigen Namen überhaupt lieben kann. Das Erlebte ist schließlich nicht nur zum Weinen, und das Ironische hat seinen Platz in den Geschichten und im Leben Ingeborg Bachmanns.

Könnte sie noch einmal angesprochen werden auf ihre Beziehung zu Max Frisch, hätte sie einen wie Philippe Pilliod sich gegenüber am Tisch sitzen, würde sie womöglich zunächst schweigen, nichts sagen oder wie viele Figuren ihrer Bücher antworten: Es war nichts. Damit gäbe sie ihre Betroffenheit direkt weiter an den Gesprächspartner. Das Utopische der Sätze, wie Bachmann es versteht, hier würde es noch einmal deutlich werden. Es war nichts: Es war die Möglichkeit für alles. Das ist gar nicht so weit weg von Frischs Rede von der Reue und vom Sturzflug des Ikarus. Es war Spruch und Widerspruch. Ein grandioser Anfang und ein trauriges Ende. Verzauberung, Entzauberung. Und Spielraumeröffnung für viele Nach-Geschichten.

In den *Gesprächen im Alter*, die Philippe Pilliod mit Max Frisch führt, ist Ingeborg Bachmann nicht nur dort präsent, wo ihr Name fällt. Sie ist Stichwortgeberin, abwesende dritte Gesprächspartnerin, taucht auf in Anspielungen, bleibt für Frisch eine gewichtige Stimme über ihren Tod hinaus. Die Auseinandersetzung Frischs mit seinen anderen Lebenspartnerinnen ist nicht zu vergleichen mit seinem lebenslangen Nachdenken über und seinem Denken an Ingeborg Bachmann. Anders als zum Beispiel nach dem Ende der Beziehung zu Marianne Oellers bleiben viele Fragen. Über Marianne Oellers schreibt Frisch in den *Entwürfen zu einem dritten Tagebuch*: »Sie lebt in Berlin (was ich weiß) in der lichten Jugendstil-Wohnung, die ihre Wohnung geworden ist. Wenn ich eine Frage hätte, so würde sie offener antworten als je, glaube ich. Ich habe keine Frage. Ökonomisch ist alles gelöst auf Lebenszeiten. Einmal fasst sie meine Hand, die auf dem Steintisch liegt zwischen Glas und Aschenbecher. Ihre Biografie, meine Biografie, Schnittpunkt im Vergangenen.«³ Was die Beziehung zu Marianne Oellers betrifft, herrscht für Frisch Klarheit, bezüglich Ingeborg Bachmann bleiben Rätsel.

Alles ist offen, und nichts ist geklärt. In diesem Moment in Berzona durchlebt Frisch die Höhen und Tiefen seiner großen Liebe zu Ingeborg Bachmann noch einmal. Bilder tauchen auf, Stimmen werden hörbar. Die Schauplätze dieser Liebe, Paris, Zürich, Rom, breiten sich aus vor dem inneren Auge. Die Vergangenheit schiebt sich über die Gegenwart. Auf der Bühne des Gedächtnisses wird ein Stück aufgeführt, das er kennt, denn er ist eine der zwei Hauptfiguren.

Erste Begegnung

Treulos ist meine Geliebte,
ich weiß, sie schwebt manchmal
auf hohen Schuh'n nach der Stadt,
sie küsst in den Bars mit dem Strohhalm
die Gläser tief auf den Mund,
es kommen ihr Worte für alle.
Doch diese Sprache verstehe ich nicht.[1]

Paris 1958

Hat nicht jede erste Begegnung ihre ganz eigene, besondere Vorgeschichte? Und wenn diese erste Begegnung den Beginn einer Liebesbeziehung markiert, wie groß ist dann erst die Bedeutung dessen, was vorher geschah oder auch gerade nicht, die Geschichte der Wünsche, Sehnsüchte, überhaupt der ganze Vorstellungs- und Gefühlskosmos, der sich auftut, wenn es um ich und du geht. Noch um ein Vielfaches komplizierter, schillernder, facettenreicher wird es, wenn der Blick sich richtet auf die Beziehung zweier Dichter oder Schriftsteller.

1956 erscheint Ingeborg Bachmanns zweiter Lyrikband *Anrufung des Großen Bären*. Bachmann, Jahrgang 1926, ist zu diesem Zeitpunkt längst keine unbekannte Autorin mehr. Schon 1953 hat sie den Preis der »Gruppe 47« erhalten, in der literarischen Öffentlichkeit der Nachkriegszeit gilt sie als außergewöhnliche lyrische Begabung. Und so sind es auch zunächst die Gedichte, durch deren Lektüre der Schweizer Schriftsteller Max Frisch die Dichterin kennenlernt. Die erste Begegnung Max Frischs mit Ingeborg Bachmann ist also gewissermaßen eine er-lesene.

Max Frisch ist zu diesem Zeitpunkt bereits 45 Jahre alt, verheiratet und Vater dreier Kinder, seit einem Jahr allerdings getrennt lebend von seiner Familie und vor allem dank seines 1954 erschienenen Romans *Stiller* ein international erfolgreicher Schriftsteller. Über das Privatleben der Dichterin weiß er eigenen Aussagen zufolge nichts. Er kennt nicht einmal die Gerüchte, die in der Öffentlichkeit über sie in Umlauf sind. Schon zu dieser Zeit, in den frühen Fünfzigerjahren, ist Bachmann eine Art Gerüchtefigur. Seinen Anfang nahm das öffentliche Geraune, als Bachmann 1952 in Niendorf zum ersten Mal bei einer Tagung der »Gruppe 47« auftrat und – wirkte, besonders auf die männlichen Zuhörer. Anders kann man es kaum nennen. Die Dichterin übte eine Faszination aus, die nicht allein mit dem Zauber ihrer Gedichte zu erklären war. Und schon begann man zu tuscheln im Kreis der Kollegen, Dichterinnen-Versteher, Kritiker, vor allem aus dem Umkreis der »Gruppe 47«: Fragil sei sie, ziemlich unsicher, schüchtern und doch auch ganz schön kokett, und ihre Augen würden weiß Gott wohin schauen. Und überhaupt sei sie eine perfekte Mischung aus energiegeladen und zögernd, mädchenhaft unbeholfen und damenhaft selbstsicher, und vor allem auch sehr elegant. Man stellte dieser geheimnisvollen Ingeborg Bachmann gern ihre Dichterinnenfreundin Ilse Aichinger gegenüber. Die sei viel unkomplizierter, aber eben auch geheimnisloser, uninteressanter. Und wie diese Ingeborg Bachmann ihre Gedichte rezitiert! So hauchig, dass man als Zuhörer den Eindruck hat, die Worte übten einen Balanceakt auf der fast schwebenden Atemluft und es könnte jederzeit zum Absturz kommen, zum Kollaps der Stimme. Joachim Kaiser kommt in einem Gespräch mit Helmut Böttiger vom 18. 4. 2007 dezidiert darauf zu sprechen: »Wenn Sie die sahen, wussten Sie: Das ist eine Dichterin! Dass sie natürlich, wenn sie vorlas, immer anfing zu hauchen und unter Tränen vorlas und ihr eigentlich jedes Mal die Manuskriptblätter hinfielen, und jedes Mal stürzten die Männer, um diesem armen scheuen Reh zu helfen, während die Frauen, auch meine, sagten: Mein Gott, hat sie das nötig, immer diesen Zirkus machen und so.«[2] Aus heutiger Sicht ist es nichts Besonderes mehr, aber damals war das Phänomen ganz neu: dass eine Dichterin eine öffentliche Präsenz bekommt wie ein Popstar. Es zeigt, wie Öffentlichkeit und mediale Inszenierung immer weiter hineindrängen in den Bereich der Vermittlung von Kunst, zum Beispiel von Literatur. Selbst die Lyrik bleibt nicht verschont. Diese Ingeborg Bachmann, sie ist ein literarisches Fräuleinwunder, und Frisch will nichts davon mitbekommen haben. Und so betritt er also Schneeland, unbegangen, und die einzigen Spuren sind Worte und Sätze, sind Gedichte. Gedichte, deren Bilder faszinieren in ihrer Mischung aus Sinnlichkeit und Intellektualität. Ihn springen vor allem diejenigen Verse Bachmanns an, in denen sie schreibt von der jahrhundertelangen Wiederholung sinnloser Liebesschwüre und -riten, um dann im selben Gedicht die einmalige späte Einweihung in die Liebe literarisch zu evozieren. Das lyrische Ich spricht in einem Gedicht aus dem Zyklus *Anrufung des Großen Bären* von der Lava, die herabfährt, von verschlossenen Körpern, verwunschenen Räumen und dem Dunkel, das die Fingerspitzen ausleuchten. Es sind Bilder von starker sinnlicher Kraft, die einen wie Frisch, der immer auf der Suche ist nach der großen Leidenschaft, unbedingt begeistern müssen. Wie geheimnisvoll muss eine Geliebte sein, die »auf hohen Schuh'n nach der Stadt« schwebt, die im Winter im Wald unter den Tieren lebt als »Baum unter Bäumen«, stumm unter Fischen und Dunkles sprechend vom Grund der Gläser in den Bars, die wie ein Mund sind, den sie mit dem Strohhalm küsst, wie es in Bachmanns Gedicht »Nebelland« heißt.

Es ist noch nicht sehr lange her, dass Max Frisch sich entschieden hat für den Beruf des freien Schriftstellers. Bis vor einem Jahr hat er ein eigenes Architekturbüro gehabt, er hat ein Schwimmbad gebaut, Häuser entworfen. Max Frisch, der Architekt und Schriftsteller, ist ein exakter Konstrukteur, aber schon immer hat es ihn gestört, dass ein Haus, sobald es steht und bezogen werden kann, ein für alle Mal fertig ist. In Bachmanns Gedichten erlebt er den Gegenentwurf zu diesem Konstruieren, Bauen, Fertigstellen: Er versinkt in einem Reich der Möglichkeiten, in dem es nicht weniger genau zugeht, wo aber nichts jemals »fertig« ist, die eigene Phantasie sich entzünden kann, einem freien Assoziieren keine Grenzen gesetzt sind.

Max Frisch ist sich bewusst, dass Authentizität und autobiografisches Schreiben nicht dasselbe sind. Aus diesen Gedichten spricht für ihn eine authentische Stimme, aber es ist nicht die reale Person Ingeborg Bachmann. Die Nähe zu den Gedichten, ein unmittelbares Berührtwerden von der Musikalität und Ausdruckskraft dieser Sprache gehen einher mit der verehrenden Distanz der Dichterin gegenüber. Frisch verehrt Bachmann für ihre große Kunst. Noch in den Gesprächen mit Philippe Pilliod wird das deutlich, wenn er erzählt, dass er das lyrische Werk Bachmanns bewunderte und noch immer bewundert, und schließlich aus dem Gedicht »Alle Tage« zitiert.

Im Juni 1958 hört Frisch im Hamburger Rundfunkstudio das Hörspiel *Der Gute Gott von Manhattan* von Ingeborg Bachmann und ist, wie schon bei der Lektüre der Gedichte, ja eigentlich noch stärker und auf der Stelle fasziniert, elektrisiert. Da ist einerseits die Musikalität der Verse, die Frisch bereits kennt, und doch kommt nun etwas hinzu, ein anderer Ton, bedingt durch das Dialogische, das Szenische, den auf eine dramatische Zuspitzung hinauslaufenden Gang der Handlung. Hier fühlt Frisch sich literarisch ganz zu Hause. Es erscheint ihm nahezu unglaublich, wie in diesem Hörspiel eine Frau über die Liebe schreibt, über eine ganz und gar verrückte Liebe, die die Welt aus den Angeln hebt und neu macht wie am ersten Tag. Auch die Sprache, die Bachmann den Liebenden geliehen hat, tönt für Frisch einerseits zauberhaft fremd, aber dann auch vertraut: »Ich möchte nur ausbrechen aus allen Jahren und allen Gedanken, und ich möchte in mir den Bau niederreißen, der Ich bin, und der andere sein, der ich nie war.«[3] Das sagt nicht Max Frischs Stiller aus dem gleichnamigen Roman, sondern Jan, die männliche Hauptfigur in Bachmanns Hörspiel. Hier, in *Der Gute Gott von Manhattan*, scheint in noch radikalerer Weise als bei ihm selbst, in seinem Roman *Stiller* vor allem, etwas an- und ausgesprochen zu werden, das ihn in Unruhe versetzt wie nichts sonst: die Frage, wie man lebendig bleiben, dem Starren einer festen, scheinbar selbstverständlich von außen und von den eigenen Gewohnheiten verordneten Identität entkommen kann. Ein verwirrender Glanz geht von den Sätzen aus, die diese Dichterin ihren Figuren in den Mund legt. Derselbe Glanz, den Frisch bereits in ihren Gedichten wahrgenommen hat. Er kann nicht wissen, dass der Komponist Hans Werner Henze seine Freundin Ingeborg Bachmann in Briefen die »Karfunkelhafte« nennt, womit er vor allem auch auf ihre glänzende Dichtung anspielt. Henze hat Gedichte Bachmanns vertont, und gerade zu dieser Zeit arbeitet die Dichterin am Libretto für eine Oper nach Kleists *Prinz von Homburg*, für die Henze die Musik komponiert. Ingeborg Bachmann ist also eine ungemein vielseitige Schriftstellerin, was in der literarischen Öffentlichkeit bis dahin gar nicht wahrgenommen wird.

Die Begegnung Frischs mit *Der Gute Gott von Manhattan* markiert nach der Lektüre der Gedichte noch einmal einen Anfang, ein erneutes Kennenlernen dieser geheimnisvollen literarischen Stimme, vor dem Beginn der realen Beziehung. Denn wieder ist der Ort die Fiktion. Allerdings bleibt es diesmal nicht bei der verehrenden Distanz. Jetzt sucht Frisch die konkrete Nähe zur

Schriftstellerin, zur Person, die ihm über das dramatische Geschehen im Hörspiel und dessen kunstvolle Ausgestaltung nähergekommen ist, der er sich schreibend, thematisch verwandt fühlt. Er hält es nicht mehr aus, muss die Frau kennenlernen, die solch aufregende Texte zu Papier bringt.

Ob es auch für Ingeborg Bachmann eine Begegnung mit Frisch vor dem konkreten ersten Kennenlernen gegeben hat? Hinweise auf frühe Frisch-Lektüreerfahrungen Bachmanns fehlen. Zwar gab es 1948 eine Theateraufführung Frischs im Theater in der Josephstadt in Wien, aber ob Ingeborg Bachmann damals im Publikum saß, bleibt Spekulation. Auch berichtet Marie Luise Kaschnitz in ihrem Tagebuch, dass Bachmann ihr im März 1958 eine Geschichte erzählte, in der es um die Notlandung eines Flugzeugs in Lateinamerika ging, was einen Hinweis liefern könnte auf die Lektüre von *Homo faber*. Sollte Bachmann diesen Roman wirklich vor der Begegnung mit Frisch gelesen haben, ist anzunehmen, dass sie angetan war davon, denn in keinem der Romane Frischs ist die Rede von einer so gewaltigen existenziellen Erschütterung wie in *Homo faber*. In diesem Buch passiert das Unwahrscheinliche, Widernatürliche, als wäre es ganz selbstverständlich. Menschen gehen aneinander zugrunde, egal ob man das Schicksal oder Zufall nennen will.

Ingeborg Bachmann ist eigenen Aussagen zufolge seit ihrer Jugend eine manische Leserin. Das Lesen ist für sie wie eine Ausschweifung, beinahe eine Sucht. Dabei sind es nicht allein unzählige Bücher, Romane, historische und andere Sachbücher, die sie sich vornimmt.

Auch die vielen wie zufälligen Begegnungen mit Worten, mit Textzeilen und Reklame, mit Ankündigungen von Veranstaltungen oder Geburts- und Todesanzeigen springen die auf alles Sprachliche überwach reagierende Leserin an, schreiben sich ein in ihr Gedächtnis, um irgendwann in einem eigenen Text verwandelt wieder aufzutauchen. Bachmanns Leben verleibt sich seit der frühen Jugend alles Gelesene ein, es wird Teil davon. Der Titel von Frischs Stück *Biedermann und die Brandstifter* muss der Dichterin mit an Sicherheit grenzender Wahrscheinlichkeit in die Augen gesprungen sein.

Auch Bachmanns erste Begegnung mit Frisch ist also die zwischen einer Leserin und einem Schriftsteller, wenn vielleicht auch die Vielfalt der Leseeindrücke nicht so groß gewesen ist wie bei Frisch.

Anfang Juli 1958. Max Frisch hält sich in Paris auf, nicht als Tourist, sondern weil sein Stück *Biedermann und die Brandstifter* die französische Premiere in einem Gastspiel des Zürcher Schauspielhauses erlebt. Ort der Aufführung ist das Theatre des Nations an der Place du Châtelet. Frisch reist leidenschaftlich gern. Er braucht diesen Abstand von der Schweiz, von Zürich, er braucht die Distanz zur gefühlten Enge, zum so wenig Welt- und Zukunftsoffenen seiner Heimat. Trotz der Trennung von seiner Frau wohnt Frisch weiterhin in direkter Nähe zur Familie, nämlich in Männedorf am Zürichsee, er ist noch nicht geschieden. Der Draht hin zu einer gewissen bürgerlichen Sesshaftigkeit ist also nicht völlig zerschnitten. Aber man darf sich nichts vormachen: Die

Trennung ist ein gewaltiger Schritt gewesen, den viele seiner Freunde und Bekannten nicht gutheißen konnten. Einfach abgehauen sei er und habe seine Frau und die Kinder allein gelassen. Eine Frisch nahestehende Künstlerin erzählt dem Frisch-Biografen Julian Schütt in einem persönlichen Gespräch am 21. November 1996, sie sei Frisch nach der Trennung einmal auf der Straße begegnet. Er sei mit offenen Armen auf sie zugekommen, aber sie sei einfach grußlos weitergegangen.[4] Und als ob das nicht skandalös genug wäre, hat er auch noch eine Geliebte, Madeleine Seigner-Besson, eine Frau mit drei Kindern, die in einer für diese Zeit sehr offenen Ehe lebt. Seit sechs Jahren ist Frisch mit ihr zusammen, bespricht seine Texte mit ihr, sie unternehmen gemeinsame Reisen unter anderem nach Griechenland und Spanien. Es ist offenkundig: Frisch hat Probleme damit, in einer endgültigen Beziehung zu Hause zu sein. Er ist ein Streuner, ein Suchender, ein Abenteurer, einer allerdings, der den Bürger nicht ganz abwerfen kann. Frischs Noch-Ehefrau Trudy ahnt das, vielleicht wusste sie es ja von Anfang an, denn sie klagt nicht an, sie möchte vor allem, dass die Kinder den Kontakt zu ihrem Vater halten, sie zieht keinen Schlussstrich.

Zürich und Paris: Vom Bahnhof seiner überschaubaren Heimatstadt geht 1958 Frischs Reise mitten hinein in eine flirrende Metropole. Paris bietet Raum für Utopien, Visionen, lang gehegte Wünsche, hochfliegende Phantasien. Im Dezember 1950 war Frisch schon einmal dort. In seinem Notizbuch ist darüber zu lesen: »Wintersonntag. Ganz heiter und klar: jetzt mein Leben in die Hand nehmen. In Zürich verkomme ich durch Gewöhnung.«[5]

Frisch erlebt Paris als eine Stadt für Anfänger, für Aufbruchswillige, Aufbruchssüchtige, und er träumt sich wachen Auges durch die Straßen. »Paris – die Stadt erscheint mir heute wie eine Frau, der man ansieht, dass sie zur Geliebten werden könnte. Sie ist es noch nicht. Ich gehe ihr den ganzen Tag nach; immer zu Fuß. Sie wechselt von Stunde zu Stunde. Grauer Himmel, Schneetreiben, Schleier; plötzlich ist es wieder heller, Sonne auf den reichen Fassaden, Wolkenzauber, Messinglicht, und über den schwarzen Kuppeln blaut ein Himmel, wie nur der Winter ihn hat, so blaß, so kühl und zart, aber hart, spröde, klingend und von unendlicher Höhe.«[6] Wie immer, wenn Frisch sich einer Stadt annähert, spürt er dem Landschaftlichen darin nach, dem Jahreszeitlichen, der Witterung, Aspekten von Naturgeschehen. Frisch fühlte sich 1950 »unbändig« wohl in Paris. Es war eine Art Vorbereitung auf Amerika, wohin er 1951 mit einem Stipendium der Rockefeller Foundation reisen sollte. Die Erinnerung an Paris ist Vergegenwärtigung einer rauschhaften, erwartungsvollen Stimmung.

Nun kommt es im Juni 1958, nachdem die beiden großen Romane *Stiller* und *Homo faber* erschienen sind, zu einer Wiederbegegnung mit Paris. Die Stadt, die ihn vor ein paar Jahren so euphorisch begrüßt hat, kommt ihm auch jetzt entgegen, mit frühsommerlichem Licht und Wärme. »Auf der Welt sein: im Licht sein«[7], hatte er vor einem Jahr in Griechenland geschrieben, am letzten Tag einer Reise mit der Geliebten Madeleine Seigner-Besson. In Paris in diesem Frühsommer 1958 kann er genau das von Neuem spüren.

Am Abend des 3. Juli 1958 sitzt Max Frisch mit der Dichterin Ingeborg Bachmann im Café Châtelet beim Theater. Ein konkretes Datum, ein bestimmter Ort, faktische Realität, keine Fiktion. Sie trinken einen Pernod und haben eigentlich vor, sich die *Biedermann*-Theateraufführung gemeinsam anzuschauen.

Frisch ist ein Wagnis eingegangen: Nachdem er das Hörspiel gehört hatte, beschloss er, der Dichterin zu schreiben. Und so schickte er ihr noch im gleichen Monat über ihren Verlag einen Brief, in dem er ein wenig formelhaft zwar, aber nicht ohne eine sanfte Beimischung von Pathos davon spricht, wie wichtig er es finde, dass »die andere Seite, die Frau sich ausdrückt«.[8] Frisch versucht sich offenbar in einer Annäherung an ein Thema, das ihm bislang fremd geblieben war, das der schreibenden Frau. Es ist das erste Mal, dass Frisch den Kontakt zu einer Frau sucht, die schreibt, sich der Wirklichkeit schreibend stellt, vielleicht sogar eine Art »Notwehr«-Schriftstellerin ist, wie er sich selbst einen »Notwehr«-Schriftsteller nennt. Frisch spürt bei Bachmann so etwas wie schriftstellerische Komplizenschaft: Schreiben gegen den Andrang der Welt, gegen die Ansprüche anderer Menschen, vielleicht auch Schreiben aus Notwehr gegen die eigenen Ängste und Unsicherheiten. Bei Bachmann kann Frisch von dem lesen, was ihn selbst beschäftigt. Frisch ist kein Vielleser, keiner, der immer weiß, was literarisch gerade besonders angesagt ist, und er ist keiner, der die Nähe zu Schriftstellern unbedingt braucht. In seinem Brief an Bachmann heißt es: »Wir brauchen die Darstellung des Mannes durch die Frau, die Selbstdarstellung der Frau.«[9] »Wir«, das kann heißen, die Literatur überhaupt. Es kann auch heißen, die Gesellschaft. Damit können aber auch die Männer allgemein gemeint sein. Max Frisch gibt sich emanzipiert, macht einen Schritt heraus aus dem typischen Männlichkeitsbild der Zeit. Ein wenig großspurig klingt er und wie einer, der sich als Gesprächspartner anbieten möchte. Er schreibt nicht, dass er sie, Ingeborg Bachmann, am liebsten sofort kennenlernen möchte. Er versteckt sich in der Rolle eines an weiblicher Selbstaussage interessierten Autors und Lesers, gibt sich als Fürsprecher gesellschaftlichen Fortschritts in Hinsicht auf die Geschlechtergerechtigkeit.

Trotz der scheinbaren Naivität von Frischs Brief: Etwas reizt Bachmann an diesen Sätzen, weckt ein Interesse an der Person, die sich dahinter verbirgt. Die »andere Seite«, von der Max Frisch spricht, was wohl ist genau damit gemeint? Bachmann, theoretisch versiert, kann sich nicht zufriedengeben mit einer vorläufigen Interpretation. Sie muss den Worten auf den Grund gehen. Der Brief Max Frischs würde sie nicht in Ruhe lassen, auch wenn sie sich gegen ein Treffen entschiede. Was ist das für ein Mann, der solche Sätze schreibt? Wenn er sich auf der einen Seite sieht, die Frau aber auf der anderen Seite, wie wäre dann das Ganze zu verstehen? Wie wäre das Ganze zu leben? Gibt es ein Umgreifendes, das schützt? Oder ist da ein offener Zwischenraum? Bachmann ahnt noch nicht, dass Frisch nicht so stark theoretisch veranlagt ist wie sie selbst, dass Briefe bei ihm immer einen starken Anteil an Spontaneität haben.

Bachmanns prompte Antwort überraschte Frisch: Die Dichterin kündigte an, auf der Fahrt nach Paris, wo sie sich zu jener Zeit immer wieder aufhielt, in Zürich Station machen zu wollen und ihn zu treffen. Es kam nicht dazu: Sie unterbrach ihre Reise doch nicht. Aber dann, angekommen in Paris, erfuhr sie über die Zeitung von der Premiere, fand heraus, in welchem Hotel Frisch abgestiegen war, nahm Kontakt auf und verabredete sich mit ihm. So kam es, dass sie nun im Café Châtelet an einem Tisch sitzen. Frisch ist im Besitz zweier Theaterkarten, keine Logenplätze allerdings, für die Bachmanns elegante Robe eher passen würde. Bei ihrem Anblick nähme wohl jeder an, sie habe einen großen Abend vor sich in einer glamourösen Umgebung. Stattdessen dies frühabendliche Plaudern mit einem fast Unbekannten. Die Robe allerdings bietet auch Schutz, schafft Distanz. Und Frisch: Er kann als Pfeifenraucher auch in Situationen, die Ausgesetztheitspotenzial haben, bei sich bleiben. Die Pfeife stopfen, anzünden, dem Rauch hinterherschauen. Ingeborg Bachmann raucht Zigaretten, auch sie ist Raucherin, zu dieser Zeit fast Normalität. Man darf sich diese erste Begegnung also als ordentlich rauchverhangen vorstellen.

Ingeborg Bachmann wohnt seit einem knappen Jahr in München, in der Franz-Josef-Straße 9a, nachdem sie vier Jahre lang die meiste Zeit in Rom gelebt hat, von einigen Aufenthalten in Paris abgesehen. Paris ist für

Bachmann die Stadt eines über fast zehn Jahre hin immer wieder neu versuchten, immer neu scheiternden Liebesentwurfs und eine der Inspirationsquellen für ein poetisches Gespräch ohnegleichen. Es ist die Stadt, in der sich Paul Celan und Ingeborg Bachmann immer wieder treffen. Im Juni 1949, ein Jahr nach der ersten Begegnung mit Celan, schreibt sie in einem Brief an den Geliebten: »Führ mich an die Seine, wir wollen so lange hineinschauen, bis wir kleine Fische geworden sind und uns wieder erkennen.«[10] Im August des gleichen Jahres schreibt sie über ihre Unruhe und dass sie niemandem etwas versprechen könne. Paris also ist für die Dichterin nicht die Stadt des luftig-leichten Anfangenkönnens, eines abenteuerlichen Herumschlenderns. Auf Paris liegt von Anfang an eine Schwere, als sei der letzte Satz schon gesagt worden, bevor der erste Satz auch nur gedacht wird. Paris, das ist für Ingeborg Bachmann vor allem auch das Hotelzimmer, in dem sie im Winter 1956 auf Paul Celan wartet und wo wahrscheinlich ihr Gedicht *Hotel de la Paix* entsteht. Das Hotel de la Paix liegt im Quartier Latin, in der Rue Blainville, also in dem Viertel, in dem sich die Existenzialisten treffen und die Kulturszene von Paris tobt. Ein lebendiger, atmosphärisch dichter Ort, auch für Ingeborg Bachmann: 1955 traf sie hier noch einen anderen Mann wieder, den Journalisten Pierre Évrard, den sie in Harvard kennengelernt hatte. Paris ist nicht nur die Stadt ihrer Liebesgeschichte mit Paul Celan. Hierher führen mehrere Linien, die das eine Mal parallel zueinander laufen, ein anderes Mal sich kreuzen. Einsamkeit und Dunkel herrschen zwar vor im Hotelzimmer, das das Gedicht evoziert. Aber es ist nicht völlig still, denn Schritte sind hörbar, wahrscheinlich die eines Menschen, der weggeht. Es könnten aber auch die Schritte einer Person sein, die sich nähert. Paris, das ist für Bachmann die Stadt eines ständigen Kommens und Gehens, sich Findens und wieder Verlierens. Es ist eine Stadt der Zwischenaufenthalte.

Bachmann, zu deren Fräuleinwunder-Status gehört, dass sie am 18. August 1954 auf der Titelseite des *Spiegel* abgebildet wurde, ist neben ihren literarischen Werken mit Essays über Robert Musil und Ludwig Wittgenstein hervorgetreten, sie arbeitet seit September 1957 auch als Dramaturgin beim Bayerischen Fernsehen. Sie kann nicht nur als literarisches, sondern auch als intellektuelles Schwergewicht gelten und ist zudem eine wache, engagierte Beobachterin auch der politischen Situation. So trat sie im April 1957 mit anderen Kollegen aus der »Gruppe 47« dem *Komitee gegen die Atomrüstung* bei.

Im Frühsommer 1958 macht Bachmann privat eine schmerzliche, ihre Arbeitsenergie lähmende Phase durch: Sie und Paul Celan, der Dichterfreund und Geliebte, haben endgültig eingesehen, dass es für ihre Liebesbeziehung keine Zukunft geben kann. Viele Briefe sind in den letzten Jahren hin- und hergegangen zwischen Wien und Paris, zwischen München und Paris. Am 6. Juni 1958 schrieb Celan an die Geliebte: »Unruhige Zeiten, Ingeborg. Unruhige, unheimliche Zeiten.«[11] Celan hatte Bachmann gegenüber bekundet, wie schön und wahr das Hörspiel *Der Gute Gott von Manhat-*

tan sei. Der Dichter lebt mit seiner Frau, der Grafikerin Gisèle Lestrange, mit der er seit Dezember 1952 verheiratet ist, und seinem Kind noch immer in Paris, wo es ebenfalls im Juni 1958 zu einem ersten persönlichen Treffen und einer Aussprache zwischen Bachmann und Gisèle Lestrange kam. Im Briefwechsel stehen die beiden Frauen seit dem Spätjahr 1957. Zu Weihnachten 1957 hat Bachmann Gisèle Lestrange einen Strauß Rosen zukommen lassen, wofür die Beschenkte sich tief bewegt bedankte. Überhaupt sind die Briefe, die Paul Celans Frau an Bachmann schreibt, von einer unerwarteten Herzlichkeit. Voller Begeisterung äußert sie sich auch über ihre erste Begegnung mit Bachmanns Gedichten im Januar 1958. Sie sei erschüttert über das Maß an Leid, das Bachmann erduldet habe, sie entschuldigt sich für ihre Eifersucht, sie empfinde Scham darüber. Gisèle Lestrange weiß, es ist nicht irgendeine Frau, mit der sich ihr Mann trifft. Sie ahnt, wie sehr Paul Celan die Dichterin und ihr Wort braucht. Und Ingeborg Bachmann will nicht, dass Paul Celan sich trennt von seiner Frau und seinem Sohn. Auf dieser Basis einer gegenseitigen Achtung ist es möglich, dass Gisèle Lestrange und Ingeborg Bachmann sich persönlich und von Angesicht zu Angesicht kennenlernen. Paul Celan traf Bachmann zuletzt am 2. Juli, einen Tag vor dem Treffen mit Frisch, und sie haben die Trennung beschlossen. Was Paris von Anfang an für Bachmann war, ist es geblieben: eine Stadt der Unruhe, verdunkelt von Abschied und Traurigkeit.

Aber auch was ihre Arbeit betrifft, steht Bachmann an einem Wendepunkt. Sie hat das Gefühl, mit ihren Gedichten in eine Sackgasse geraten zu sein. Notwendig sei ihr nur, dass sie in einem für sie richtigen Augenblick das Schreiben abbreche und es woanders aufnehme. »Ich habe aufgehört, Gedichte zu schreiben, als mir der Verdacht kam, ich ›könne‹ jetzt Gedichte schreiben, auch wenn der Zwang, welche zu schreiben, ausbliebe. Und es wird eben keine Gedichte mehr geben, eh' ich mich nicht überzeuge, daß es wieder Gedichte sein müssen und nur Gedichte, so neu, daß sie allem seither Erfahrenen wirklich entsprechen.«[12] Bachmann möchte das Wagnis Prosa eingehen und hat ihrem Verleger bereits mitgeteilt, sie plane einen Roman, der in Wien spiele. München ist nicht ihr favorisierter Lebens- und Schreibort, sie möchte dieser Stadt lieber heute als morgen den Rücken kehren. Bachmanns Sehnsucht nach etwas ganz Neuem ist stärker denn je. Eine Meisterin im Anfangen, im Entwurf ungeahnter Möglichkeiten kann sie genannt werden – genauso wie Frisch. Nichts ist so aufregend wie der Augenblick, kurz bevor etwas Neues beginnt. Gerade jetzt, in dieser Phase der Lähmung und Müdigkeit, regt sich Bachmanns Sensibilität für den Einbruch des Unverhofften besonders stark.

All das hat Bachmann also im Gepäck, während sie in diesem Pariser Café dem bekannt-unbekannten, Pfeife rauchenden Schweizer Schriftsteller gegenübersitzt. Was schon bei diesem ersten Treffen offen zutage tritt: Dieser Max Frisch hat die Fähigkeit, den Moment zu genießen. So wie gerade jetzt, am Cafétisch in einer fremden und doch vertrauten Stadt, als Ausländer mit einer Ausländerin, vor sich einen Pernod, auf dem Stuhl gegenüber die berühmte Dichterin, 15 Jahre jünger als er, die zurückhaltend wirkt und aufmerksam zugleich. Die Sätze sprudeln nicht heraus, sie spricht immer überlegt, manchmal ein wenig stockend, scheint sprechend nachzudenken.

Noch kann Frisch sie von außen betrachten, sich vorstellen, wie sie sein könnte, sich an Erfindungen ihrer Person versuchen. Ihr Zigarettenkonsum jedenfalls könnte auf einen nervösen, hektischen Charakter schließen lassen. Eine Dame sollte sie wohl schon sein: Die Art, wie sie sich kleidet, lässt solcherlei Rückschlüsse zu. Aber es bleibt bei Spekulationen. Noch sind ihre Leben nicht untrennbar verbunden.

Bachmann wundert sich, als Frisch sagt, sie müsse sich das Stück nicht anschauen. Zuerst überhört sie den Satz fast, kramt stattdessen in ihrer Tasche herum, scheint etwas zu suchen. So jedenfalls wird er es später beschreiben.[13] Oder ist auch das eine Erfindung? Ingeborg Bachmann, die ewig zerstreute Dichterin, die permanent Dinge verlegt, verliert und sucht, nach ihnen kramt? Frisch wiederholt seine Aufforderung: »Ingeborg Bachmann, das brauchen Sie sich wirklich nicht anschauen.«[14] Dabei gefällt ihm die Inszenierung, und diese Premiere ist immerhin die erste Premiere eines Frisch-Stücks in Paris. Auch erwarten die Schauspieler den Autor, es gehört sich selbstverständlich, dass er erscheint. Aber Frisch kann sich nicht aufraffen, verfällt dem Zauber des Augenblicks. Im Anfang ist jeder noch bei sich, sind Nähe und Distanz ausgeglichen. Frisch lässt sich treiben, ohne träge zu werden. »Leben Sie mit einem Kind?«[15], fragt er, und sie blickt ihn verwirrt an, erstaunt, dass jemand, dazu ein Schriftsteller, der informiert ist, Zeitungen liest, so wenig weiß über sie. Er ist neugierig, er muss wissen, wen er vor sich hat.

Über den Rest dieses Tages, die darauffolgende Nacht können wir nichts sagen, es sei denn, man glaubt dem, was Frisch später in *Montauk* darüber schreiben wird: »Paris, die ersten Küsse auf einer öffentlichen Bank, dann in die Hallen, wo es den ersten Kaffee gibt: am Nebentisch die Metzger mit den blutigen Schürzen, diese zu plumpe Warnung.«[16] Da sind sie wieder, die Sätze: Beschreibung und Versuch der Deutung in einem. Auch bei Ingeborg Bachmann. Sie wird das Datum in ihrem Roman *Malina* unterbringen: »... auch an diesem Tag, der längst vergangen ist, haben sie uns überflüssigerweise drogiert mit Nachrichten, mit Meinungen zu Nachrichten, haben uns benachrichtigt von Erdbeben, Flugzeugabstürzen, innenpolitischen Skandalen, außenpolitischen Fehltritten. Wenn ich heute auf die Ausgabe vom 3. Juli 1958 niedersehe, an das Datum zu glauben versuche, auch an einen Tag dazu, den es vielleicht wirklich gegeben hat...«[17]

Von Anfang an ist die reale Begegnung zwischen Bachmann und Frisch nicht zu trennen von den Worten, den Sätzen, die sie schreiben, schreiben werden, von ihren Texten, von den gegenseitigen Erfindungen. Unser Blick auf die Beziehung bleibt ein vermittelter, bleibt gebunden an die Werke, die in dieser Zeit und danach entstehen, und auch an die Werke, die bereits erschienen sind. Sie tragen nicht bei zur Wahrheitsfindung, was das Faktische betrifft, aber sie können etwas zeigen. Sie regen die Vorstellungskraft an. Die Beziehung wird lesbar.

Bett und Tisch

Gemeinsam benutzt: Jahreszeiten, Bücher und eine Musik.
Die Schlüssel, die Teeschalen, den Brotkorb, Leintücher
und ein Bett.
Eine Aussteuer von Worten, von Gesten, mitgebracht,
verwendet, verbraucht.
Eine Hausordnung beachtet. Gesagt. Getan. Und immer
die Hand gereicht.[1]

Zürich und Uetikon 1958 – 1959

Ein Abend, eine Nacht und schließlich am frühen Morgen in die Hallen von Paris, wo es Kaffee gibt und die Metzger mit den blutigen Schürzen ihrer Arbeit nachgehen. Dann die erste Trennung: Max Frisch, verliebt und dem Geheimnis dieser neuen Liebe vertrauensvoll hingegeben, verlässt Paris in Richtung Zürich. Zurück bleibt eine vor allem verwirrte Ingeborg Bachmann, die nicht wirklich weiß, wie sie das nennen soll, was sie gerade erlebt. In einem seligen Schwebezustand jedenfalls befindet sie sich nicht. Vielmehr könnte man sagen, sie gleitet langsam in eine Art Verliebtheit hinein, als brauche sie dieses Gefühl, um die Leere nach der Trennung von Paul Celan zu ertragen. Ingeborg Bachmann sehnt sich nach einem Anfang. Wenn es nur gelänge, eine Zukunft ins Auge zu fassen und die Vergangenheit zur Ruhe kommen zu lassen.

Wie bereits gesagt: Beide, Bachmann und Frisch, lieben nichts so sehr wie die Anfänge. Frisch wünscht sich in diesem Sommer 1958 genau wie Bachmann einen neuen Blick auf die Welt, eine Art Neugeburt des Sehens und des Erlebens, obwohl er nicht die gleiche Leere empfindet wie Bachmann. Eher Langeweile, Stillstand, Alltag. Seit drei Jahren lebt er nun von seiner Familie getrennt. Eine Art Normalität hat sich eingestellt, die Flut der Vorwürfe aus dem Freundes- und Bekanntenkreis ist abgeebbt. Die Beziehung zu seiner Geliebten Madeleine Seigner-Besson scheint weiterhin beglückend zu sein[2], aber einer wie Frisch kann sich in der Dauer nicht einrichten. Er sehnt sich immer wieder nach einem ersten Blick in eine weit offene Zukunft. Und dann begegnet der heitere Melancholiker Frisch einer Dichterin, die in ihrem Gedicht »An die Sonne« schwärmt: »Blau der Fernen, der Zonen des Glücks mit den Wettern für mein Gefühl, / Blauer Zufall am Horizont! Und meine begeisterten Augen / Weiten sich wieder und brennen sich wund.«[3] Diese Ingeborg Bachmann, sie scheint begeisterungsfähig zu sein, ein Sensorium zu haben für aus dem Zufall geborene Momente, aber wird sie Frisch daran teilhaben lassen? Wird es eine gemeinsame glückliche Zukunft geben?

Nach der ersten intensiven Begegnung mit Frisch gibt es bei Bachmann keine Anzeichen dafür, dass sie sich sofort heftig verliebt hat. Stattdessen eher Ratlosigkeit, Abwarten, Verwirrung. Das lässt sich schlussfolgern aus Andeutungen Bachmanns in einem Brief vom 5. Oktober 1958 an Paul Celan. Celan habe sie im Juli gefragt, ob sie sich verliebt habe. Bachmann schreibt weiter: »Damals stimmte es nicht ...«[4] Bei ihr dominiert eine Empfindung der Unsicherheit. Wie sieht es in Max Frischs Innerem aus? Welche Gefühle herrschen vor: Liebe, Verwirrung, Unsicherheit? Wir können es nicht wissen. Vielleicht ein Gemisch aus allem.

Ingeborg Bachmann und Max Frisch können schon in dieser frühen Phase sich und ihre Liebe nicht verstecken. Schließlich sind sie beide berühmte Schriftsteller, stehen also im Rampenlicht, werden beäugt von Kollegen und der lesenden Öffentlichkeit. Der Schriftstellerkollege Martin Walser, eine mächtige Stimme im Kreis der Autorenschaft, ist der Meinung, jemand müsse Ingeborg Bachmann retten. Er ist auch der Meinung, Frisch sei dazu nicht in der Lage. Vielleicht will er ja mit diesen Worten ausdrücken, die Dichterin sei für die Welt zu retten, jemand müsse schauen, dass sie der Welt erhalten bleibe. An den gemeinsamen Verleger Siegfried Unseld schreibt er am 28. Oktober 1957: »Sie strömt Unglück aus wie andere Frauen Parfüm. Ich habe jede Skepsis ihr gegenüber verloren und würde alles tun, ihr ein bisschen helfen zu können.«[5] Die Frauen und ihr persönliches Parfüm: Wenn eine Frau Unglück ausströmt wie Parfüm, dann ist sie eingehüllt davon, dann kann das jeder riechen, sie kann es nicht verbergen. Walser legt Bachmann fest auf das Unglück, als sei sie zu keiner anderen Empfindung fähig und verloren, es sei denn, jemand käme und würde sie retten, was allerdings nahezu unmöglich scheint.

Fotos und Fernsehaufnahmen der jungen Dichterin sprechen eine andere Sprache. Da ist Schüchternheit wahrzunehmen, aber gepaart mit einer Selbstsicherheit, die nicht zu übersehen ist. Da hat jemand einen Halt in sich, eine innere Stabilität, die eng zusammenhängt mit dem Zauber, den die Person ausstrahlt. Diese Dichterin weiß genau, wer sie ist, was sie kann, was sie will. Vielleicht gehört ja das Unglück zu ihrer Stärke dazu. Es kann schon sein, dass sie einen starken Duft aussendet. Aber es ist auf jeden Fall ein gemischter Duft aus Schüchternheit, Stärke, Ernst und Humor. Sollte man das Bedürfnis haben, ihr helfen zu wollen, dann ginge das am besten, wenn man sie ausreden ließe, wenn man den Rhythmus ihres Sprechens ernst nähme und nicht glaubte, eingreifen zu müssen in den Momenten eines stockenderen Sprechens. Und selbst wenn sie laut riefe nach dem Retter, wäre es zwar so gemeint, aber doch auch nicht so gemeint. Das Widersprechen und vor allem das sich selbst Widersprechen gehört zu Ingeborg Bachmann, zu ihrer Art der Kommunikation mit den Menschen, vor allem mit den Männern. Es ist zudem ein Charakteristikum ihres gesamten Werks.

Nach der lediglich formal und nach außen hin beendeten Beziehung mit Paul Celan ist Bachmann tatsächlich auf der Suche nach mehr Halt, hat sie den Wunsch, Boden unter den Füßen, einen stabilen Grund zu spüren. Es ist die Welt, der sie sich immer wieder vergewissern muss. Das hat aber nichts damit zu tun, dass sie ablegen müsste, was zu ihrem Wesen gehört. Kurze Zeit, nachdem Bachmann Frisch kennengelernt hat, schreibt sie an Hans Werner Henze, wie labil alles sei, wie schwach sie sich fühle, persönlich und in der Arbeit, wie sie zu kämpfen habe mit schweren Stunden und wie sehr sie es sich wünsche, ihren Kopf auf seine Schulter fallen zu lassen. Der Brief ist undatiert, muss aber nach dem 3. Juli 1958 geschrieben worden sein, also nach der ersten Begegnung mit Frisch. Und es ist auch tatsächlich die Rede von etwas »sehr Wichtigem«, das entschieden werden müsse. Der Anfangsverdacht erhärtet sich: Die Schreiberin Ingeborg Bachmann ist unsicher, blickt nicht wie eine gerade neu Verliebte euphorisch in eine Zukunft der Möglichkeiten. Sie hält es nicht mehr aus in Paris, ist überfordert, spricht von »lähmenden Aufregungen« und »steinernen Stunden«. Sie habe sich eine neue Seife gekauft, erfrische sich mit dem Parfüm »Carven for women«, sie esse viel, wie man das eben in Krisenzeiten tue, wolle aber vor allem unbedingt wieder arbeiten können.[6] In Bachmann herrscht ein emotionales Durcheinander vor, alles schiebt sich ineinander, Vergangenheit, Gegenwart, Zukunft, Gewusstes, Erahntes, Zweifel, eine Art Verliebtheit und eine Verstörung, die dauerhaft schwelt.

In diesen späten Fünfzigerjahren, als Bachmann Frisch begegnet, bewegt sie sich auf einem schmalen Grat, fühlt sich ausgesetzt, fremd in der Welt. Aus diesem Zustand kann sie sich nicht einfach von einem Moment auf den anderen befreien, indem sie sich in eine neue Liebe stürzt.

In ihrer Liebe zu Paul Celan sah sich Bachmann erneut und immer wieder konfrontiert mit dem Trauma des Holocausts. Sie ging aus Klagenfurt weg nach Wien, um den Schrecken der Kindheit im Krieg zu entkommen, noch einmal anzufangen. Als sie den jüdischen Dichter Celan traf, fing es wieder an, waren die Fragen von Schuld und Verhängnis drängend wie eh. Die Auseinandersetzung mit diesem Thema wird lebenslang sein. Die persönliche Lebensgeschichte bleibt eingebettet in die große Geschichte. Darin liegt ein zweiter Grund für das Überforderungsempfinden, das in dieser ersten Zeit der Begegnung mit Frisch vorherrscht. Hinzu kommt aber noch etwas: Ingeborg Bachmann steckt mitten in einem spannenden Arbeitsprozess. Sie bewegt sich in ihrem Schreiben fort aus der reinen Lyrikproduktion hin zur Prosa. Es gibt bereits fragmentarische Entwürfe zu Erzählungen, zu einem Roman. Das alles gärt in Ingeborg Bachmann, von diesen fordernden, intensiven inneren Prozessen kann sie sich nicht einfach lösen.

In der Begegnung mit dem Schweizer Max Frisch öffnet sich trotz all der Schwere so etwas wie ein kleines Schlupfloch. Noch einmal ein Stück weit heraus aus einer scheinbar nicht enden wollenden Verstrickung. Max Frisch macht einen bodenständigen Eindruck, vermittelt zumindest in seinem äußeren Erscheinungsbild eine Art Verlässlichkeit, Sicherheit, Wärme. Max Frisch gibt das Bild eines Mannes, der in der Welt der Stabilität zu Hause ist. Auch wenn man seinen Lebensweg bis zum Zeitpunkt der Begegnung mit Bachmann betrachtet, zeigt sich einem kein spektakulär aufregender, exzentrischer, zu abenteuerlicher Übertreibung neigender Schriftsteller. Dieser Max Frisch scheint einen starken bürgerlichen Kern zu haben, sonst hätte er die Lebensform der Ehe nicht, und sei es auch bloß für ein paar Jahre, als die ihm gemäße gewählt. Dieser Schriftsteller und Architekt steht auf einigermaßen festem Grund, hat einen Sinn für geordnete Verhältnisse. Aus einer bestimmten Ordnung heraustreten wird er nur dann, wenn sie ihm schal geworden ist, langweilig und starr. Instinktiv spürt Ingeborg Bachmann das, und gerade zu diesem Anderssein des Mannes Max Frisch fühlt sie sich hingezogen. Neben der künstlerischen Verwandtschaft lockt ein fremdes Flair. Seit je hat Ingeborg Bachmann ein Faible für Männer, bei denen sie neben der geistigen kreativen Verwandtschaft und Nähe doch auch die Erfahrung eines schillernd fremden Persönlichkeitsbereichs macht. Der homosexuelle Musiker Hans Werner Henze, der jüdische Dichter Paul Celan, der scheinbar solide und erdverbundene Schriftsteller Max Frisch: drei Männer, die anziehend wirken auf Bachmann, weil sie ihr nahe sind, vertraut in ihrer künstlerischen Arbeit, aber als Personen auch geheimnisvoll fremd bleiben. Bachmann kann sich vorstellen, mit Frisch am warmen Kamin in einem stabil gebauten Haus zu sitzen. Sie würde dann sogar die Hausordnung gehorsam einhalten, sich nicht wehren gegen die Regeln eines harmonischen Zusammenlebens. Sie würde ihn erwarten, wenn er unterwegs wäre, auf die Ankündigung seiner Rückkehr hin würde sie auf den Ton der Klingel lauschen: »Am Kaminfeuer, in der Sicherheit, hatte mein Haar seine / äußerste Farbe. / Das Klingeln an der Tür war der Alarm für meine Freude.«[7] Was Ingeborg Bachmann in ihrem Gedicht »Eine Art Verlust«, das zwischen 1964 und 1967 nach der Trennung von Max Frisch entsteht, in poetischen Bildern erinnert, gibt rückblickend einen Hinweis darauf, in welch seelischer Angespanntheit und unter welchem Erwartungsdruck sie diese erste Zeit der

Beziehung zu Frisch erlebt. Ingeborg Bachmann weiß, wie mühsam es für sie ist, mit jemandem zusammenzuleben, aber es wäre eine Art Notanker, ein dünnes Seil, auf dem es sich balancieren ließe. Ein wenig Ruhe, ein wenig Gerettetsein, das würde schon genügen. Vielleicht könnte sie sich ja dann auch leichter hineinwerfen in dieses Gefühl, das sie im Augenblick noch nicht wirklich benennen kann, das aber zumindest einen starken Geruch von Liebe hat.

Ingeborg Bachmann fährt Ende Juli 1958 über Zürich nach München. Ihr Aufenthalt bei Frisch in Zürich dauert eine Woche. Frisch ist der Meinung, sie seien ein Liebespaar, obwohl er ahnt, dass diese Beziehung möglicherweise nicht länger als vier Wochen lebbar ist. Mit Ingeborg Bachmann Tag und Nacht zusammen zu sein strengt an. Sie verhält sich niemals eindeutig, immer bleibt ein Rest, den er nicht versteht. Es ist nicht so, wie er es sich gewünscht hat. Auch wenn er spüren kann, dass Ingeborg Bachmann in ihn verliebt ist, gibt es für ihn zu viele Zeichen für eine sich womöglich in eine ziemliche Kompliziertheit hinein entwickelnde Beziehung. Beim Abschied am Bahnhof hat er den Eindruck, ihr stünden die Haare zu Berge. Sie ist nicht die vorbehaltlos Liebende, die er sich erhofft hatte. Dennoch glauben beide an eine Fortsetzung ihrer Beziehungsgeschichte. Etwas in Max Frisch kann nicht anders als Ja sagen zu dieser verrückten Liebe. Er nimmt die Herausforderung an, der Reiz des Fremdartigen in der Person Ingeborg Bachmann versetzt ihn trotz zaghafter Anflüge von Ängstlichkeit und Zweifel in einen Rausch.

Ingeborg Bachmann fährt nach ihrem Aufenthalt bei Frisch in Zürich und nach einer kurzen Zeit in München zuerst einmal dorthin, wo sie am besten aufatmen kann, wo sie sich noch immer am ehesten zu Hause fühlt, wo sie sich nicht verstellen muss, keine Rolle zu spielen hat, auch nicht die der rasend Verliebten. Den August 1958 verbringt sie bei Hans Werner Henze in Neapel. In dieser Zeit scheint etwas zu wachsen in ihr, ein größeres Vertrauen in den Geliebten Max Frisch, ein Mehr an Leidenschaft, denn als er sie im September besucht, spürt er bei der Begrüßungsumarmung zum ersten Mal eine Kraft in ihren Armen, als wolle sie ihn tatsächlich festhalten. Eine Ahnung, die sich noch immer nicht zu einer Gewissheit verdichtet. Sie fahren gemeinsam nach La Spezia am Golf von Genua und kommen unter in einem kleinen Haus mit Terrasse. Frisch ist weiterhin der Werbende, er möchte es endlich genau wissen, ob es ein Leben mit Ingeborg Bachmann geben wird oder nicht. Er sehnt sich, er wartet voller Ungeduld auf einen Beweis ihrer Liebe, er versucht herauszufinden, was sie empfindet. Es gibt einen Moment, in dem er fast aufgibt: Eines Morgens geht er früh aus dem Haus, setzt sich an die Mole, blickt hoch zum Schlafzimmerfenster in Erwartung eines Zeichens dafür, dass sie bemerkt haben könnte, dass er bereits aufgestanden und weggegangen ist. Er bleibt allein, sie scheint weiterhin tief zu schlafen. Ein Funke Hoffnung glimmt, vielleicht kommt sie ja doch noch. In einer Stimmung aus Ratlosigkeit, Leere, Vergeblichkeit und Langeweile setzen sich seine Füße in den Espadrilles schließlich automatisch in Gang, er schlendert an der Küste entlang bis ins

Zentrum von La Spezia. Noch ist hier niemand auf den Beinen, nirgendwo gibt es einen Morgenkaffee, der Markt ist noch nicht aufgebaut. Max Frisch schlottert in der morgendlichen Kühle. Wohin führt ihn sein Weg? Zurück zu ihr oder weg von ihr? Am Bahnhof studiert er den Fahrplan, überlegt, wie weit er mit dem Geld in seiner Hosentasche kommen würde. Plötzlich hat Frisch die absurde Idee, eine Münze zu werfen, als könnte das die Entscheidung bringen. Es ist ja doch längst entschieden. Er wird zurückkehren, er kann nicht anders. »Zum Hohn bloß werfe ich tatsächlich eine Münze, 100 Lire, nehme sie vom Boden, ohne hinzusehen, ob Kopf oder Schrift; ich warte nur noch, bis es einen Kaffee gibt in dieser Stadt.«[8] Auch Frisch also ist verwirrt, verstört, aber auf eine andere Weise als Bachmann. Frisch ist ein leidenschaftlich liebender Verwirrter, und er ist ein Sehnsüchtiger, der die Ahnung hat, diese Liebe könnte scheitern, und dennoch: Er muss es versuchen, er fühlt sich außerstande, den Rückzug anzutreten.

Wie geht es Ingeborg Bachmann wohl in diesen frühen Morgenstunden, während Frisch umhergeht, zweifelt, Angst hat, nicht mehr ein noch aus weiß? Wundert sie sich, ihn nach dem Aufwachen nicht vorzufinden? Vermisst sie ihn? Hat sie Furcht, ihm könnte etwas zugestoßen sein? Schaut sie aus dem Fenster in banger Erwartung? Irgendwann an diesem Tag jedenfalls kommt Max Frisch zurück, die Tür öffnet und schließt sich.

Anfang Oktober ist Ingeborg Bachmann wieder in München. Frisch besucht sie und hat endlich den Mut, die entscheidende Frage zu stellen: Ob sie mit ihm leben könnte? Sie bejaht. So einfach ist das. Offenbar vertraut sie Frisch, genießt es, geliebt zu werden und das Wachsen der eigenen Verliebtheit zu spüren, auch wenn immer wieder die alten Zweifel und Ängste kommen. Wird es überhaupt gehen, das enge Zusammenleben mit einem Mann, der nicht Hans Werner Henze heißt? Handelt es sich nicht von vornherein um ein zum Scheitern verurteiltes Projekt? Der banale Alltag mit allem, was dazugehört, ein gemeinsames Schlafzimmer, ein gemeinsames Bad, der Blick auf die fremde Zahnbürste, dunkle Abdrücke der Hände des Geliebten am Handtuch, Kaffeereste in der Tasse, Butterreste auf dem Teller, die Frage, wer das Kochen übernehmen und was überhaupt gekocht werden soll, Rösti und Zürcher Kalbsgeschnetzeltes oder die feine italienische Küche? Wer spült ab, wer übernimmt den Einkauf?

Trotzdem will Bachmann es probieren, will sich von Tag zu Tag Mühe geben, Angst und Zweifel überlisten. Noch vier Wochen muss sie in München bleiben, für das Fernsehen arbeiten, und am 15. November soll dann der Umzug nach Zürich stattfinden. Am 26. Oktober 1958 schreibt sie aus München an Paul Celan: »Ich sehne mich nach Ordnung und Ruhe, und hier ist nur Unruhe, zuviel Gleichgültiges, so viele Störungen, die ich stärker empfinde von Tag zu Tag.«[9]

Ingeborg Bachmann kann in Zürich bei Gottfried Honeggers Vater in der Feldeggstraße 21 unterkommen. Gottfried Honegger ist ein sehr guter Freund Frischs. Das Haus ist in Frischs Lieblingsfarbe blau angestrichen. Blau sind auch das Züritram und der Zürichsee, dessen Ufer Bachmann vom Haus aus in wenigen Minuten erreichen kann. Eine Idylle, offensichtlich. Aber nur fünf Tage nach dem Umzug, am 20. November 1958, schreibt Bachmann aus Zürich an den früheren Geliebten, es sei so still hier, eine halbe Stunde sei vergangen seit dem ersten Satz, und der vergangene Herbst dränge sich in diesen Herbst.[10] Ingeborg Bachmann träumt sich schon wieder fort, in eine Vergangenheit, in der Paul Celan ihr näher gewesen ist als in diesem Moment. Offenbar liebt sie doppelt: Der eine Geliebte begegnet ihr in der Realität, der andere im Traum. Die Zeiten überlagern sich. Bachmann hat noch immer keine Klarheit über das, was sie wirklich will.

So kann sie nicht ganz anwesend sein in der Liebe, die ja gerade erst begonnen hat. Das Vergangene ragt in die Gegenwart, eine alte und eine neue Liebe kämpfen miteinander, ohne dass eine Lösung absehbar wäre. Sie leidet darunter, dass sie und Celan kein Paar sein dürfen und können, es aber doch irgendwie sind: »Entzieh mir Deine Hand nicht, Paul, bitte nicht. Und schreib mir von Dir, Deinen Tagen, ich muß wissen, wo Du stehst.«[11] Bachmann kann Celan nicht loslassen. Er bleibt anwesend. Sie würde es nicht ertragen, entglitte er ihr völlig.

Trotzdem ist sie in Frisch verliebt und zieht nach Zürich, in seine Stadt, die eine eher leise Stadt ist. Dies Leise kommt bei Bachmann zwar an, aber es belebt nicht, sondern lähmt, und in ihrem Inneren vibrieren noch immer die Geräusche von Paris. Außerdem sind da in ihrem Kopf auch die Bilder Italiens, wo sie mit Hans Werner Henze gelebt hat. Er schreibt ihr in langen Briefen, wie sehr sie ihm fehle, ihm ist, als habe sich die ganze Welt verändert, seitdem Ingeborg Bachmann, sein »vögelchen«, seine »äffin«, sein »schatz«, in Zürich lebt. Es sei »seltsam«, sie in Zürich zu wissen.[12] Als könne er sich nicht vorstellen, was eine Frau wie Ingeborg Bachmann in einer Stadt wie Zürich machen solle. Trotzdem schickt er Grüße an »M. F«. Henzes Verhältnis zu Frisch ist von Anfang an ein zwiespältiges. Er scheint ihm zu bieder, dieser Schweizer, insgesamt zu schwer. Was bloß findet sein »Ingelchen« an so einem? Henze ist tatsächlich eifersüchtig, fühlt sich betrogen, verlassen. Dass so ein hergelaufener Schweizer Schriftsteller sich zwischen Ingeborg und ihn zu stellen wagt, das zarte Beziehungsgeflecht stört mit seinem draufgängerischen Betragen, seiner Aufdringlichkeit. Ein gemütlicher Pfeifenraucher mit deutlichem Bauchansatz: Wie kann der eine erotische Ausstrahlungskraft ausüben auf seine Poetessa, Principessa, die Karfunkelgleiche.

Aber es ist nun mal so: Ingeborg Bachmann und Max Frisch sind ein Paar, ob Henze das verstehen mag oder nicht. Mit seinem Misstrauen tut er seiner Freundin im Übrigen keinen Gefallen. Stattdessen sollte er sie bestärken, sich mit ihr freuen.

Selbstverständlich kennt Henze Bachmann so gut, dass er weiß, wie kompliziert es sein kann, mit ihr den Alltag zu organisieren. Offenbar traut er es einem wie Max Frisch überhaupt nicht zu, eine gelingende, beglückende Beziehung mit Ingeborg Bachmann aufbauen zu können. Er unterschätzt Frisch, der Charaktereigenschaften Ingeborg Bachmanns sehr früh schon erkennt. Frisch, der auch ein Tagebuch- und Notizbuchschreiber ist, notiert zum Beispiel, Ingeborg Bachmann habe das

Talent, jede Bagatelle zum Geheimnis auszuweiten, mit Geheimnis aufzuladen, denn es könnte ja sein, dass die Bagatelle sich schließlich als gar keine Kleinigkeit entpuppt. Da geht man durch die Stadt, und ein Geschäft wirbt mit der neuesten Sommermode, aber die Frau neben einem liest Sommermorde, und schon ist der Tag ins Unglück gefallen und nichts mehr zu retten. Oder Frisch ist unzufrieden mit dem unordentlichen Zustand der Wohnung, findet, die Küche könne doch einmal wieder aufgeräumt werden, und schon ist die Liebste gekränkt und kriegt die Kränkung nicht mehr los, sie treibt aus ihr heraus, beschwert die Luft, man kann kaum noch atmen. Dabei hat Frisch es gar nicht dramatisch gemeint, eher flapsig, und gerade das kommt bei Bachmann nicht an. Womit sie sehr schlecht zurechtkommt: das Spielerische bei Frisch, sein leichthin über manches Hinwegsehen, Hinwegreden. Seine Abwehr gegen zu viel Bedeutsamkeit. Frisch ist ein Meister darin, Situationen in Lachen aufzulösen, und damit irritiert er eine wie Bachmann, für die so vieles mit fast allem zusammenhängt, auch im Alltag.

Aber wie gestaltet es sich nun genauer, das gemeinsame Alltagsleben in Zürich? Denn auch wenn Bachmann zunächst noch nicht mit Frisch in einer gemeinsamen Wohnung lebt, verbringen sie ja doch viel Zeit zusammen.

Ingeborg Bachmanns Vorstellungen von dem, was in der Schweiz, also auch in Zürich schicklich ist und was nicht, sind einseitig und müssen der Überprüfung an der Realität standhalten. Zürich ist immerhin eine

Großstadt und für Frisch gleichzeitig Heimatstadt. Hier hat er seine Kindheit verbracht, hier ist er zur Schule gegangen und hat mit den Freunden gespielt, auf dem Fußballplatz, in den Straßen, in der Kanalisation. In Zürich hat er studiert, für die *NZZ* erste journalistische Artikel geschrieben, geheiratet, ein Architekturbüro gehabt. Hier übernimmt er eine oder mehrere Rollen. Die Sprache seiner Kindheit in dieser Stadt ist und bleibt für eine lange Zeit, vielleicht für immer, seine Sprache. Er muss keine neue lernen. Es sind keine Truppen in Zürich einmarschiert, wie es in Bachmanns Klagenfurter Kindheit geschah, niemand hat eine aufwiegelnde Rede gehalten, keine Soldaten haben den Krieg in Frischs heimeliges Zürich gebracht. Zwar weiß auch Frisch, dass in dieser seiner Sprache Befehle erteilt wurden und werden, aber seine Kindheit ist nicht von Kriegsgeschrei und gewaltbereiten Aufbruchsphantasien geprägt. Viel eher überwiegt in dieser Zürcher Kindheit der Wunsch, ein Junge zu sein wie alle anderen und so richtig und ganz dazuzugehören. Die friedliche Heimat ist nicht plötzlich zu einer brüllenden Un-Heimat geworden. Auch wenn Frisch sich später ein Zürich wünscht, das stärker den Anschluss an die Welt sucht und Zukunftsperspektiven entwickelt, treibt es ihn nie dauerhaft hinaus.

Auf Ingeborg Bachmann scheint Zürich keinen besonderen Eindruck zu machen. Weder an Paul Celan noch an Hans Werner Henze schreibt sie etwas, das in diese Richtung ginge. Als sei sie gar nicht wirklich angekommen in den Gassen, zwischen den Häusern, am See. Als spiele diese Stadt keine große Rolle in ihrem Zusammenleben mit Max Frisch. Eine echte Großstadt kann Zürich für Ingeborg Bachmann, die in Wien und in München, auch zeitweise in Rom gelebt hat, sowieso nicht sein. Selbst Max Frisch spricht von der »Gässchenstadt«, und so wird Ingeborg Bachmann ihren neuen Wohnort wohl auch wahrnehmen. Allerdings entwickelte bereits die 25-jährige Ingeborg Bachmann ein Bild von Zürich, das sie wahrscheinlich ganz einfach ungeprüft übernommen hat, denn es handelt sich um ein sehr klischeehaftes Bild. In der Senderreihe *Die Radiofamilie* von 1951, für die Bachmann die Skripte verfasst, lässt sie einen Freund des Sprösslings der Familie Floriani eine Ansichtskarte aus Zürich schicken, obwohl der Junge die ganze Ferienzeit über Wien nicht verlassen hat. Seine Eltern können sich einen Urlaub fernab der Heimatstadt nicht leisten, und der Bursche überlegt sich einen Trick: »In Zürich? A ja, gnä' Frau. I hab's einem Herrn auf dem Westbahnhof mitgeben, damit's feiner ausschaut.«[13] Zürich gilt als besonders fein, da kann man nichts falsch machen, wenn man an feine Leute eine Karte von hier aus schickt. Zum Soliden, Grundanständigen, was im Schweiz-Bild Bachmanns vorherrscht, passt auch ein Ausspruch von Frau Vilma aus der *Radiofamilie*. Da geht es um einen Reißverschluss am Kleid der feinen Dame; Er ist stecken geblieben. Die Reaktion der feinen Dame: »Das ist ja unmöglich. Das ist ein Schweizer Zipp.«[14] Bachmann bringt die Schweiz sofort in Zusammenhang mit den Produkten des Landes, die in der überwiegenden Anzahl von unverwüstlicher Qualität sind.

Und wie steht es um die Mentalität der Schweizer? Man sei mit Ernst bei der Sache in der Schweiz, gelacht werde nicht sehr viel. Diese Meinung jedenfalls vertritt Ingeborg Bachmann. Die Eidgenossen scheinen ihr nicht sehr begeisterungsfähig zu sein. Selbst im Theater herrsche eine seltsam apathische Stimmung. In einem Brief an den Publizisten Joachim Moras vom November 1960[15] äußert sie sich entsetzt über die mangelnde Erregungsfähigkeit der Zürcher Theatergänger, die sie bei einer Aufführung von Brechts *Im Dickicht der Städte* erlebt hat. Man zittere drei Stunden, weil man wirklich der Explosion einer neuen Sprache beiwohne, einem Geniestreich, der einen mehr ergriffen habe als all die guten rühmlichen Stücke aus späterer Zeit. Aber das Publikum reagiere leider nicht, es sitze auf seinen Ohren und drehe die Daumen und wisse nicht wohin damit. Das Publikum hört nicht und sieht nicht und lässt sich durch nichts aus der Ruhe bringen. Es ist eben solide und zuverlässig wie der Zipp, der im Land hergestellt wird. Nichts und niemand wird es aus der Ruhe bringen. »Es gibt Länder, die in einer so tadellosen Ordnung, Kleinordnung, Größenordnung verharren, dass jeden schon bei der Grenzüberschreitung das Grausen ankommt.«[16] So heißt es später im Fragment zur Erzählung *Rosamunde*, das unveröffentlicht geblieben ist. In diesem Stück Prosa wird nicht nur Zürich genannt, sondern auch andere Orte am See wie Thalwil oder Rapperswil. »Wer hat nicht die Worte Zürich und Thalwil und Meilen mit Schrecken gehört, wer hat nicht, auf diesen staubgesaugten Wiesen und polierten Bergen, in Abgründe geblickt, die so wenig sichtbar waren, und die doch einen Menschen aus einem anderen Land in ein Gebrüll ausbrechen ließen (natürlich ein sehr gedämpftes, weil eine Kuh einen Kuhfladen hinterließ), aber nur sehr kurze Zeit.«[17] Es gibt in diesen Orten Terrassenhotels, in denen man Forellen essen kann, aber dann hat es sich auch schon. Und Zürich erst: »Eine Stadt wie Zürich verursachte ihr solche Schmerzen, dass sie in einer Tramway oder in einem Taxi so wahnsinnige Kopfschmerzen bekam, dass sie (am Paradestrand) ausstieg und Blumen kaufte und an jemand schickte, und plötzlich hilflos zu schreien anfing, bis sie von einem Rot-Kreuzwagen, herbeigerufen durch den dreissigsten Passanten, einen jungen Mann, dem ihre Schreie auffielen, in eine Klinik gebracht wurde.«[18] Übertrieben ist das natürlich, aber unwohl fühlt sich Ingeborg Bachmann auch dann in Zürich, wenn sie nicht übertreibt. Es ist kein Ort zum Leben für sie. Für seinen Heimat- und Sehnsuchtsort hat Frischs Geliebte kein gutes Wort übrig.

Bachmann steht mit diesem Vorurteil einer fremden Stadt gegenüber nicht allein: Frisch ergeht es mit Bachmanns Wahlheimat Wien ganz ähnlich. Im Tagebuch vom Januar 1948 berichtet er, wie er im Theater in der Josephstadt die Aufführung von einem seiner Stücke erlebt. Er beschreibt das Theater als bieder und sich selbst als einen, der in dieser Stadt nicht wirklich wach wird. Die Leute seien zwar entzückend und charmant, Frisch empfindet ihren Charme jedoch als »undurchdringlich«. Ist man in Wien, fühle man sich aufgefordert, all die anderen Städte zu vergessen, und spreche am besten nicht über sie. Alles verharre in einer Art Dornröschenschlaf, sei denkmalhaft.»Charme, zur Haltung gemacht, ist etwas Fürchterliches. Waffenstillstand mit der eigenen Lüge. Daher das Kampflose, Müde, Mumifizierende.«[19] Frisch muss nicht zusammen mit Bachmann in Wien wohnen, es besteht also keine Gefahr, selbst etwas Mumienhaftes zu bekommen. Sie zieht schließlich zu ihm in seine Heimatstadt.

Merkwürdig genug, dass hier in Zürich allein schon das Zusammensein mit einem Mann ohne Trauschein beargwöhnt wird.

Dass Frau Bachmann, die Geliebte eines ja noch immer verheirateten Max Frisch, im Morgenmantel vors Haus tritt, in Nachtkleidung am Sonntag im Innenhof Teppiche ausklopft, kann der Hausbesitzer schon aus Furcht vor dem Gerede der Nachbarn nicht akzeptieren. Eine Hure könne er nicht bei sich beherbergen, tut der alte Honegger unmissverständlich kund.[20] Bachmann erhält also zwangsläufig ziemlich rasch die Kündigung der Wohnung, wogegen allerdings der junge Honegger und Freund Frischs Einspruch erhebt. Er werde nicht mehr mit dem Vater sprechen, wenn dieser die Kündigung nicht umgehend rückgängig mache. Bachmann aber hat nun natürlich keine Lust mehr, länger in diesem Haus zu wohnen.

Was also ist zu tun? Ein engeres Zusammenleben probieren, das wollen beide, Bachmann und Frisch. Obwohl sie eigentlich wissen, dass sie viel lieber ihre Ruhe haben und zum Arbeiten diese Ruhe unbedingt brauchen. Wenn die Tür hinter einem zufällt und man sich an den Schreibtisch setzt, bleiben alle anderen draußen. Der Versuch eines Zusammenziehens in eine gemeinsame Wohnung wäre also ein Spiel mit einem vielleicht gar nicht so ungewissen Ausgang, von Anfang an. Das Teilen von Bett und Tisch, es kann scheitern. In diesem Fall der Beziehung zweier hochkomplizierter Künstlerpersönlichkeiten ist es sogar wahrscheinlicher, dass es scheitert, als dass es gelingt. Trotzdem gehen Bachmann und Frisch das Wagnis ein und ziehen am 15. März 1959 gemeinsam nach Uetikon in das »Haus zum Langenbaum«. In der Stadt, so schreibt Bachmann an Celan, sei es sehr schwer, etwas Passendes zu finden, deshalb der Umzug ins Umland. Das »Haus zum Langenbaum« ist das älteste Haus im Dorf. Auch hier ist in unmittelbarer Nähe, vom Haus aus zu bestaunen: der See, den Frisch so liebt. Der ihm Garant ist für die Ferne, den weiten Blick. Ängste könne man nur in die Wirklichkeit tragen, um sie aufzulösen, hat Bachmann kurz vor dem Umzug nach Zürich an Celan geschrieben. Im Denken gelinge es niemals. Ob sie ernsthaft daran glaubt, ihre Ängste vor dem Leben mit einem Mann auflösen zu können, indem sie mit Frisch zusammenzieht?

Wie anders gestaltet sich dieser Einzug in Uetikon verglichen mit Bachmanns Ankunft bei Hans Werner Henze auf Ischia damals im September 1956. Da lockten blühende Weinberge, frische Feigen und Ziegenkäse, und die Schiffsprozession auf dem Golf von Forio war zu bestaunen. Als Krönung wurde nach Einbruch der Dunkelheit ein Feuerwerk entzündet. Was sich daraus ergab, war wortwörtlich eine Art Lebensbefeuerungsrausch, ein Energieschub ohnegleichen.

Der Tagesablauf der beiden Künstler war damals streng geregelt: Morgens wurde konzentriert gearbeitet, und zur Mittagszeit kochte Henze etwas Gutes. Die Abende verbrachten sie meistens mit dem Hören von Schallplatten: *La Traviata* und *La Sonnambula* mit Maria Callas, *Falstaff* unter Toscanini und Mozarts *Requiem*. Und Mahler: Ingeborg Bachmanns Lieblingskomponist. Die beiden Künstler inszenierten ihren Alltag auf eine besondere Weise. Als wäre doch im Grunde alles ein einziges Fest. Selbstverständlich vergleicht Ingeborg Bachmann. Sie denkt gern an die ungewöhnliche Paarschaft zurück, an ihr Italien.

Nun erlebt sie hier am Zürichsee diese stille Schweizer Dörflichkeit, das Zusammenleben mit einem Mann, der mittags auf keinen Fall ein Essen kocht, sondern es weit eher schätzt, bekocht zu werden, einem Mann, der abends nicht unbedingt begeistert Callas-Arien hört, mit dem man aber jederzeit über Themen der Zeit sprechen kann, über Politisches, über Gesellschaftliches. Über das Verhältnis der Literatur zum politischen Engagement, über die Möglichkeiten des Schriftstellers, die Phrasen zu zerschreiben. Max Frisch eckt in der Schweiz, in Zürich immer wieder an mit seiner spitzen Zunge. Er spricht sehr offen über das, was er an Missständen entdeckt in seinem Heimatland: das so wenig Weltoffene der Schweiz, das große Traditionsbewusstsein, den Hang zum Musealen. Ingeborg Bachmann kann das nachvollziehen, sie fühlt sich selbst wie im Museum in diesem Uetikon am See, beäugt von den misstrauischen Nachbarn. Bachmann zaubert nicht pünktlich um 12.00 Uhr ein Mittagessen auf den Tisch. Sie sieht sich überhaupt nicht in der Rolle der treu sorgenden Hausfrau. Das ist Frisch anders gewohnt, das war bei seiner Mutter und bei Ehefrau Trudy noch eine Selbstverständlichkeit. Damals waren die Bereiche strikt getrennt: In der Zollikerstraße hatte Frisch eine Dachstube nur für sich. Er konnte sich zum Arbeiten völlig zurückziehen. Er richtete sich in seiner Schreibwelt ein. Einen direkten Zugang zu diesem Bereich hatte die Ehefrau nicht. Sie war sowieso ausgelastet mit der Organisation des Alltags. Frisch war also in Sicherheit, geschützt durch das Besondere seiner Arbeit. Gertrud von Meyenburg, die Ehefrau, verstand es, all die köstlichen Schweizer Spezialitäten zu kochen. Frisch ist zeitlebens ein großer Genießer dieser Regionalküche: Zürcher Geschnetzeltes, Rösti und dazu einen spritzigen Weißwein.

Im Zusammenleben mit Ingeborg Bachmann sind die Bereiche nicht getrennt. Hier bleibt Frisch ungeschützt, ausgeliefert, unter Beobachtung. Es kann jederzeit zur Katastrophe kommen. Wenn zwei Menschen derart konzentriert auf dem gleichen Feld arbeiten, sind Zusammenstöße unvermeidlich. Ein falsches Wort, eine unpassende Geste, und schon stürzt das Gebäude ein. Es ist immer wieder auch das Kleinliche, das der Liebe den Hals zuschnürt. Da steht der eine auf und ist sogleich in einer positiven Arbeitsstimmung, beim andern liegt frühmorgens die Schwere der Nacht noch auf der Brust, und schon wird es gefährlich.

Zwei Menschen, zwei verschiedene Arbeitsbereiche, da ist ein Schutzwall dazwischen. Da kommt man sich nicht so leicht in die Quere. Zwei Menschen, das gleiche Arbeitsgebiet, und es sieht ganz anders aus. Große Empfindlichkeiten stoßen aufeinander, berühren sich, fallen übereinander her, stehen in der permanenten Gefahr, einander zu zerfleischen. Als Schriftsteller kann man nicht unter Schriftstellern leben: Diese Einsicht verstärkt sich bei Bachmann im Lauf der Jahre. Und Frisch macht diese Erfahrung im Zusammenleben mit Bachmann.

Aber im Raum steht die ganze Zeit auch die Frage: Was ist das überhaupt, ein Paar? Wenn man fraglos ein gemeinsames Zimmer bekommt bei Freunden, die man besucht? Solche Überlegungen stellt Frisch an. Weil er eine Beziehung wie die zu Ingeborg Bachmann noch nie erlebt hat. Seine Ehefrau Trudy war für ihn vor allem ein »prächtiger Kamerad«[21]. Sie war einfach da, und so konnte auch er einfach da sein, was ihm aber irgendwann nicht mehr genügte. Und nun steht Frisch mit beiden Beinen in einem Fluss, der fast ein Wildbach genannt werden kann.

Das Leben in Uetikon spielt sich vor allem drinnen ab. Ingeborg Bachmann scheut gemeinsame Unternehmungen als Paar, das die Augen der Öffentlichkeit auf sich zieht. Zumindest in Uetikon ist das der Fall. Und so machen Bachmann und Frisch weiter mit dem, was der Mittelpunkt ihres Lebens ist: Sie arbeiten, auch als Verliebte.

Sie sind eben ein Schriftstellerpaar. Ihr Material: die Sprache. Verfänglich, vieldeutig ist die Sprache bereits im Alltag, nicht erst in der Kunst. Auf dem Grund jedes Satzes, jedes Gesprächs schwelen ungeahnte Bedeutungen, Geheimnisse, liegen Bilder aus der Vergangenheit, ragen Zukunftsvisionen, -wünsche, -sehnsüchte empor. Der Alltag und die Literatur, Häuslichkeit und Kunst, und wie eigentlich bewegt sich das Paar Bachmann-Frisch zwischen Bett, Tisch und Stuhl? Genau hier beginnt eine kleine Verrückung, denn der Bezug zum Alltäglichen ist unterschiedlich bei Bachmann und Frisch. Für Bachmann haben längst alle Dinge, auch die Gebrauchsgegenstände, eine Befeuerung durch Worte erfahren. Die Lyrikerin, hier zeigt sie sich. Was ist im Gedicht geblieben vom realen Stuhl, vom Tisch im Wohnzimmer und vom Bett, in dem ein Paar schläft? Das Alltägliche erweitert sich um einen weiten Horizont an Nichtalltäglichem, das Gewohnte bekommt Aspekte von Unvorhersehbarkeit. Für Bachmann sind diese Dinge immer schon, selbst im Alltag, mehr als einfache Gegenstände des Gebrauchs, sie stehen für ihren Weltbezug, der gleichzeitig Sprachbezug ist. Im einfachen, alltäglichen Leben gelingt der Dichterin der Weltbezug schwerer. Sie bemüht sich. Es gibt Fotos, auf denen zeigt sie sich hantierend mit Messer, Gabel, Schere, Licht. Freunde bezeugen ihren durchaus praktischen Sinn. Aber es kann sein, man geht mit ihr spazieren, biegt um eine Ecke, und plötzlich wird es für sie unerträglich, und man muss umkehren. Irgendetwas hat sie gesehen, gehört, gerochen und reagiert verwirrt. Der natürliche Alltagsbezug ist gestört, durchbrochen.

Frisch hat weniger Probleme mit dem Alltag. Er bewegt sich mit größerer Selbstverständlichkeit durch die Tage. Er schlüpft behender in die Rollen, die das tägliche Leben außerhalb der Kunst bereithält. Sein Umgang mit den Gegenständen des Alltags ist natürlich, unverkrampft. Aber das darf nicht darüber hinwegtäuschen, dass auch er sich wie ein Vagant mit seiner Sehnsucht herumtreibt. Ein wenig ähnelt er dem Rittmeister in seinem Stück *Santa Cruz,* der sehen möchte, wie der nächste Tag aussieht, sich nicht zufriedengibt mit dem Gleichklang der Tage und Nächte. Der Rittmeister lebt die Ordnung und sehnt sich trotzdem weg an die Küsten der Welt, auf die Meere, in die Ferne. Auch Max Frisch ist ein Mann der Ordnung, aber es zieht ihn immer wieder fort ins Unordentliche, Chaotische, Entgrenzte. Denn nichts fürchtet er mehr als eine Ordnung, die tödlich werden kann. Einen, der sein Ich ins Spiel mit der Welt bringt, kann man leicht verwechseln. Man könnte mutmaßen, er sei nichts als ein normaler, anständiger, gut situierter Mann, der zwar schreibt, aber ohne den Halt im Angestammten zu verlieren. Vielleicht hat Bachmann ihn ja verwechselt, als sie ihn kennenlernte. Vielleicht hat sie von Anfang an zu sehr den Bürger in ihm gesehen, den in sich ruhenden, Pfeife rauchenden, Gemütlichkeit ausstrahlenden Sesshaften, den Ordentlichen, Soliden.

In Uetikon in der gemeinsamen Wohnung hat man den Blick vom Balkon auf den See. Max Frisch lebt mit dem Zürichsee, seit er auf der Welt ist. Es ist die Landschaft seiner Kindheit, in der er nun mit Ingeborg Bachmann zu Hause ist. Für Bachmann ist der See etwas Ungewohntes, wenn auch inspirierend auf seine Weise: Er wird Sprachlandschaft wie jede andere Landschaft, in der Ingeborg Bachmann sich bewegt.

Fast fühlt man sich zurückversetzt in alte Zeiten: Der Mann nimmt sich eine Frau und bringt sie heim in die Gegend, die er kennt, die ihn kennt, in der er arbeitet. Dass man den Ort liebe, an dem man eine Rolle spiele, hat Frisch 1948 in einem Artikel für die *NZZ* geschrieben. Und Frisch spielte und spielt in seiner Heimatstadt eine Rolle. Er ist Zürcher Schriftsteller, er war Zürcher Architekt, hat unter anderem das Letzigrabenbad gebaut, hat in Zürich geheiratet, eine Familie gegründet, für die größte Zeitung der Stadt gearbeitet. Und Ingeborg Bachmann? Sie ist eine Fremde hier in diesem Land, in dieser Stadt, eine österreichische Dichterin, die einige Jahre in Wien gelebt, studiert, gearbeitet hat. Sie steht auf dem Balkon in Uetikon und kommuniziert mit den Menschen am anderen Ufer des Sees auf ihre monologische Art. Sie müsste für sich eine Rolle finden, die passen könnte zu Uetikon, zum dörflichen Leben am Zürichsee. Damit tut sich die Großstädterin schwer.

Max Frisch hatte sein Architekturstudium aufgenommen aus dem Bedürfnis heraus, einen »weltgerechten Beruf« zu ergreifen. Eine Arbeit sollte es sein, die den Ansprüchen gerecht würde, die »die Welt« an den Einzelnen stellt. Keine Spinnereien, keine Experimente im unsicheren Bereich. Durch einen solchen Beruf bindet man sich ans Mittelbare, Konkrete, Haltbare. Als Frisch Bachmann trifft, liegt die Zeit, in der er »weltgerecht« gearbeitet und gelebt hat, noch nicht lange zurück. Der Weg in die freie Schriftstellerexistenz war weit und steinig und voller Momente, in denen der Zweifel größer war als der Mut und das Hingerissensein durch das Schreiben. Max Frisch gelingt es besser als Ingeborg Bachmann, sich in einer Art »Behaglichkeit« einzurichten und die Sicherheit anzunehmen, die damit einhergeht. Bachmann schafft es fast nie, einfach und selbstverständlich da zu sein. Die Menschen um sie herum, die Menschen, die intensiv mit ihr zu tun haben, fragen sich immer wieder, ob diese Hilflosigkeit echt sei, sie können es nicht glauben, dass jemand eine solche Hilflosigkeit ausstrahlen kann. Bachmann ist hilflos, und sie ist es nicht. Im Schreiben, in der Arbeit, da weiß sie genau, was sie will, und setzt es durch, auch wenn es immer wieder Blockaden gibt, schwierige Zeiten, in denen die Arbeit nicht vorankommt. In solchen Krisenmomenten braucht sie niemandes Rat und Hilfe, wendet sich selten an jemand anderen und wenn, dann meistens an Henze.

Aber das Leben, vor allem das Leben mit den anderen, das ist schwer, da ist sie voller Unsicherheit. Hans Werner Richter erzählt, Bachmann habe ihm einmal gesagt, sie brauche eigentlich einen Mann, der sei wie »ein Bettvorleger«. Ob sie bei der ersten Begegnung mit Frisch daran gedacht hat, dass dieser irgendwie gemütlich wirkende Schweizer ein Bettvorleger-Mann sein könnte? Natürlich ist diese Formulierung auch ironisch. Niemals würde ihr einer genügen, der lediglich Bettvorleger wäre. Ingeborg Bachmann hat eine Vorliebe für verwirrende, widerspruchsvolle Bemerkungen. Ein Bettvorleger und kein Bettvorleger, denn außerdem sollte er so sein, wie man sich einen Mann gar nicht vorstellen kann. In der Sicherheit des Alltäglichen leben und sich gleichzeitig weit darüber hinausträumen. Die alte Sprache beherrschen und eine ganz neue erfinden. Einen langen Atem haben und vollkommen sein im Anfangenkönnen. In der Welt unter Menschen leben und gleichzeitig mit einer neuen Sprache einen ganz neuen Weltbezug entwerfen. So könnte es sein, aber natürlich wird es nie so sein.»Liebe ist ein Kunstwerk, und ich glaube nicht, daß es sehr viele Menschen können.«[22]

Und wie steht es mit Frisch, dem primär Weltbezogenen? Ein Anfänger ist er ja tatsächlich. Nicht umsonst hat ihn *Der Gute Gott von Manhattan* so in den Bann gezogen. Und doch liebt er einen Schriftsteller wie Bertolt Brecht vor allem wegen seiner Weltbezüglichkeit, die für Frisch auch in seiner Lyrik lesbar wird. Und ebenso bewundert er Peter Bichsel, dessen Werk vom konkreten Bezug zu Menschen und Dingen lebt. Direktes Erleben, Erfahrungen mit dem rein Stofflichen, Konkreten, davon vor allem geht Frischs schriftstellerische Arbeit aus. Ohne diese Erfahrungen des Konkreten bleibt ihm die Inspiration aus, kann er nicht schreiben, wie er immer wieder betont. Frisch ist ein erfahrungssüchtiger Autor. Was er aber mit Bachmanns Hörspiel und mit ihren Gedichten erlebt, das ist eine Erfahrung, wie er sie noch nie hatte. Das hebt ihn über alles Gekannte, Gesehene, Gehörte, Gelesene hinaus. Dass es innerhalb des Gewohnten einen Ort des Verschwindens geben könnte. Dass man alles hinter sich ließe, neue Gebärden erlerne, eine neue Sprache spreche, das fasziniert ihn wie nichts zuvor. Ausbrechen will er, wie schon oft, aber nun scheint es ein Ausbruch mitten in etwas nie Dagewesenes hinein.

Henze hat es während seines Zusammenlebens mit Ingeborg Bachmann akzeptiert, dass sie nie nur in einem Leben zu Hause ist. Sie ist hier und da und anderswo, anwesend und abwesend zugleich. Davon kann Frisch in dieser ersten kurzen Zeit seiner Beziehung zu Bachmann lediglich eine leise Ahnung haben. Von der Beziehungsgeschichte mit Celan weiß er. Was genau das Verhältnis zwischen Bachmann und Celan ausmacht, kann er bloß ahnen. Bachmann wäre an einem Treffen der beiden Männer gelegen. Auch Frisch hat den Wunsch, denn er fürchtet, am Rande zu stehen, wichtige Details nicht richtig einschätzen zu können, er bittet Bachmann, ihn nicht auszuschließen.[23] Es ist eine Art Lebensangst Frischs, ausgeschlossen zu werden. Ingeborg Bachmann mag eigentlich gar nicht, wenn ihre Freunde näher miteinander bekannt sind. Sie macht große Geheimnisse aus ihren Beziehungen. Es kann sein, man sitzt in einem Restaurant mit ihr, ein Freund, ein Bekannter kommt an den Tisch, sie unterhalten sich, Bachmann stellt ihn nicht einmal vor, er geht wieder, man bleibt im Ungewissen über die Identität des Fremden. In diesem Fall aber ist Bachmann zu einer Ausnahme bereit. Immer wieder werden Termine mit Paul Celan gemacht, verschoben, neu ausgehandelt und wieder verschoben.

Inzwischen leben Bachmann und Frisch bereits sieben Monate zusammen in Uetikon am See. Frisch und Trudy sind inzwischen geschieden worden. Da erkrankt Frisch an Hepatitis und muss zum ersten Mal in seinem Leben ins Krankenhaus.

»Paul, was machen wir nun? Wie und wann könnten wir uns sehen? Mir fällt im Augenblick, in dieser Öde, die sich in mir fortsetzt, so wenig ein.«[24] Man fragt sich natürlich schon, wer hier eigentlich der aktuelle Geliebte ist, Max Frisch oder Paul Celan? Wen will sie wem vorstellen? Mit wem fühlt sich Bachmann stärker verbunden? Wen vermisst sie am meisten? Was ist das für eine Öde, die sich in ihr ausbreitet? Denn immerhin: Wir haben Ende Mai, es geht auf den Sommer zu, die Beziehung Bachmann/Frisch ist eine noch junge Beziehung. Müsste sie nicht eigentlich glücklich sein? Oder will sie es vor Paul Celan nicht zugeben?

Fühlt sie sich so einsam in diesem Haus am See?

Und wie geht es Frisch im Krankenhaus? Gelber als ein Chinese ist er eigenen Aussagen zufolge. Ingeborg Bachmann besucht ihn, bringt seine Lieblingsblumen, Rittersporn, kauft sich ein neues Kleid, um ihm zu gefallen. Frisch nimmt es nicht wahr: Vor ihm steht eine Ingeborg Bachmann ohne Allüren, ihr Besuch hat nichts von einer Inszenierung, sondern soll ihn schlicht erfreuen. So zeigt sie sich ihm viel zu selten. Er bleibt misstrauisch. »Ich verstehe alles nicht. Ich schicke sie weg.«[25] Frisch ist verwirrt, überfordert, weiß nicht, will er bei ihr bleiben oder sich trennen. Diese erste Zeit des Zusammenwohnens hat ihn stärker angestrengt, als er wahrhaben wollte. Es ist eben nicht wie in der Ehe mit Trudy, wo er seine Ruhe hatte, wenn er sie brauchte, wo er sich jederzeit hat zurückziehen können. Damals war er mit einer Frau zusammen, deren Reaktionen absehbar waren, die nicht am laufenden Band mit Überraschungen aufwartete, bei jedem »falschen« Wort zusammenzuckte. Oder Madeleine Seigner-Besson: Wie harmonisch, ruhig war diese Beziehung. Frisch ist leidenschaftlich verliebt in Bachmann, verliebt wie nie zuvor. Aber das Zusammenleben gestaltet sich eben kompliziert. Frisch wünscht sich mehr Leichtigkeit, einen spielerischeren Umgang mit den Dingen des Alltags. Und so hat er nun plötzlich den Wunsch, einmal wieder wie früher aufzuwachen ohne einen Gedanken an Ingeborg Bachmann. Aber es gelingt nicht. Frisch schickt Bachmann also fort, nach Rom, wo sie seit 1954 immer wieder wohnt. Er braucht eine Zeit für sich, zum Nachdenken, zum In-sich-hinein-horchen. Hans Magnus Enzensberger soll Bachmann begleiten. In Zürich hat sie den Führerschein gemacht, sie fährt sehr gern Auto. Frisch, der mittlerweile zu einigem Wohlstand gekommen ist, schenkt seiner Geliebten einen Volkswagen und kauft für sich selbst auch gleich einen. Im Geldausgeben sind beide groß. Bachmann allerdings gerät aufgrund ihres großzügigen Umgangs mit Geld immer wieder in finanziell prekäre Situationen, während Frisch sich im Lauf der Zeit ein Polster angespart hat. Allein und gesundheitlich wieder auf dem aufsteigenden Ast, wird Frisch bewusst, dass er ohne Bachmann nicht leben will. Er versucht, in Rom anzurufen, niemand nimmt ab. Er versucht es immer wieder. Ohne Erfolg. In *Montauk* beschreibt Frisch diesen irrsinnigen Zustand aus Warten und Ungewissheit. Den einen Satz, der ihn vor allem zum Verzweifeln bringt, hebt er in Großbuchstaben hervor: »ROMA NON RISPONDE, ich kann es nicht fassen, daß ich sie eine Nacht lang nicht erreiche, auch tagsüber nicht, ROMA NON RISPONDE, ich kann mir vielerlei Gründe denken, alle sind mir gleichgültig; was mich fertigmacht: dieses Klingeln, bis wieder die Stimme kommt: ROMA NON RISPONDE.«[26] Eine Telefonstimme als Ersatz für das Gespräch mit der Geliebten. Es ist, als lausche Frisch in einen Abgrund hinein. Auch Briefe schreibt er, auf die sie nicht reagiert. Allerdings muss man gerechterweise sagen, dass er eigentlich vorhatte, eine Kur zu machen in einem Leberbad bei Rom, dann aber doch zuerst einmal nach Bad Mergentheim gegangen ist. Mag sein, dass sie sich gefreut hätte, ihn so bald wie möglich in ihrer Nähe zu wissen. An Celan hatte sie am 31. Mai 1959, zwei Wochen, bevor sie nach Rom fuhr, wieder von »Öde und Erschöpfung« und der Unmöglichkeit zu arbeiten geschrieben. Sie fühle sich »ganz erfroren, von dem Wettersturz draußen und noch einigem«.[27]

Max Frisch besucht Celan am 19.7.1959 in Sils-Baselgia im Engadin. Es sind noch andere Freunde da, das Gespräch bleibt kurz und unbefriedigend. Frisch fährt noch einmal hin. Celan empfindet dieses Gespräch als gut. Näheres ist darüber nicht zu erfahren.

Als Frisch wieder ganz gesund ist, hält er es nicht mehr aus ohne Bachmann. Endlich kann er ihre Stimme am Telefon hören, sie verabreden sich an der Grenze, er kommt ihr mit seinem Auto entgegen. Es ist Anfang August 1959. Und zwei Volkswagen fahren hintereinander her in Richtung Zürich. Die Situation ist nicht weniger verrückt als am Anfang der Beziehung: Unruhe, Unsicherheit – und die Eifersucht spielt mittlerweile eine nicht geringe Rolle. Vor allem Frisch ist notorisch eifersüchtig. Er will Bachmann für sich, obwohl er ahnt, dass sie ja doch keinen Millimeter ihrer Freiheit aufgeben wird. Zurück aus Rom nimmt sich Bachmann im Oktober 1959 eine Zweitwohnung in Zürich in der Kirchgasse 33, wo einst Gottfried Keller lebte. Ein Arbeitsdomizil mitten in der Stadt. In Uetikon, am See, hat sie

Angst davor, dass ihre Liebe »verschlammt«, die Leuchtkraft verliert, schmutzig und braun wird.

Hans Werner Henze freut sich unbändig, dass Ingeborg Bachmann nun zur gemeinsamen Wohnung noch ein eigenes Heim hat. Es ist schon möglich, dass er erste Anzeichen für eine Entfremdung der Freundin von ihrem in seinen Augen so unpassenden Geliebten sieht. Er ermahnt sie, die neu gewonnene Freiheit zu nutzen, viel zu arbeiten und früh ins Bett zu gehen. Sie solle Disziplin in ihren Alltag bringen. Wenn das so einfach wäre!

Max Frisch macht im Herbst 1959 allein eine kleine Italienreise, und in Siena überkommt es ihn, ein rauschartiges Verlangen ohne Beteiligung von Alkohol, denn er darf nach der langen Krankheit nichts trinken: Er schickt einen dicken Expressbrief, in dem er der Geliebten die Ehe anträgt.[28] Ein halbes Jahr, nachdem seine Ehe mit Trudy geschieden ist, wagt er einen weiteren Versuch, als sei er verrückt nach der Ehe. Und kann nicht sagen, warum, und weiß nicht einmal, was genau er unter Ehe versteht. Frisch wartet, geht jeden Tag auf die italienische Post, und erst, als er zurück ist in Zürich, bekommt er die Antwort, die er bereits ahnte. Die Ehe sei eine »unmögliche Institution« für Frauen, die einer Arbeit nachgehen. Diese Meinung vertritt Bachmann vehement und überzeugend. Dies merkwürdige Ansinnen Frischs zeigt von Neuem, wie verzweifelt er noch immer ringt um eine Art Liebes-Konsens, als könnte ein Vertrag Ordnung bringen in diese Liebe, die von Anfang an im Unordentlichen, Regelwidrigen, Gesetzlosen angesiedelt ist. Es ist fast eine fixe Idee: Immer wieder tappt Frisch in diese Ehe-Falle, als klebte er fest an der Vorstellung, eine Beziehung sei erst dann legal, echt und für die Ewigkeit, wenn eine Ehe geschmiedet wird. Max Frisch liebt Ingeborg Bachmann, er will mit ihr leben, kann sich nicht vorstellen, wie diese Liebe Bestand haben sollte ohne ein gemeinsames Wohnen. Ingeborg Bachmann liebt Max Frisch und träumt sich doch immer wieder fort, in die Vergangenheit, nach Paris, nach Italien, in ein fernes Irgendwo. Das Teilen von Tisch und Bett kann nicht erlösen vom zähen Ringen um eine für beide, wenn nicht ganz und gar beglückende, so doch wenigstens erträgliche Gestaltung des gemeinsamen Alltags. Der Boden, auf dem die beiden Liebenden sich bewegen, erweist sich als brüchig.

Asphalt oder blaue Gletscher

Am anderen Morgen verließ er Ragusa. Nochmals lag das Meer in silbriger und makelloser Zartheit, und makellos war auch die Riesenmuschelbläue, die es überwölbte.¹

Uetikon und Rom 1960

Das Paar Ingeborg Bachmann und Max Frisch könnte sich jetzt trennen, und niemand würde sich wundern: Probezeit nicht bestanden. Zusammenleben in Zürich gescheitert. Die Unmöglichkeit erkannt, als Künstlerpaar unter einem Dach zu wohnen.

Die Geschichte geht anders. Sie endet nicht an diesem Punkt. Dass etwas schier Unmögliches so lebendig sein kann und die Angst vor dem Ende stärker ist als der tägliche, manchmal stündliche Blick in eine ungewisse Zukunft. An Celan schreibt Bachmann am 20. Dezember 1959, wie schwierig alles sei, »zwei Haushalte ohne Hilfe, es könnte nicht ärger alles zusammenkommen, und man wundert sich manchmal, daß man nicht einfach umfällt«.² Beide sind der Meinung, dass das Leben mehr sein könnte als alles Lebbare und dass gerade diese Ahnung in uns die Sehnsucht weckt, immer wieder an die Grenzen zu gehen, im Leben, in der Liebe. Sie erschrecken vor der Intensität und Widersprüchlichkeit ihrer Leidenschaft, aber der Schrecken führt nicht in eine Erstarrung, im Gegenteil. Ingeborg Bachmann und Max Frisch kämpfen um ihre Beziehung, sie resignieren nicht, sondern bäumen sich gegen das Scheitern auf. Von außen zu verstehen oder gar im Detail zu analysieren ist das alles nicht, und es ist schwer, wenn nicht gar unmöglich, genaue Worte zu finden für dieses Auf und Ab: sich anschauen und die Blicke senken, aus den Augenwinkeln heraus misstrauisch lauern, Momente totaler Fremdheit erleben und dann immer wieder staunen, dass Nähe möglich ist. Was genau geschieht zwischen diesen beiden Menschen, lässt sich nur in Ansätzen erzählen, in Momentaufnahmen erhellen. Eine Geschichte, die keine klare Kontinuität kennt. Wenig Entwicklung, weil fast alles von Anfang an da ist.

Die Annäherung an das explosive Zwischen-den-Beiden aber gelingt leichter, wenn man neben den Hauptfiguren weiteren Mitspielenden in diesem Drama eine Stimme gibt. Wie in jeder Liebesbeziehung sind es nicht nur Menschen, die ihren Part spielen, sich einmischen, aus Vergangenheit und Zukunft hereinragen in das feine Liebesgeflecht.

An erster Stelle steht in diesem Fall von Liebe natürlich die Kunst. Sie ist von Beginn an dabei, sitzt schon in Paris mit am Tisch des Cafés, wo Bachmann und Frisch sich kennenlernen, weil sie alle Lebensvollzüge, überhaupt alles, was Frisch und Bachmann erfahren, mitbestimmt. Vielleicht spielt die Kunst ja sogar die eigentliche Hauptrolle.

Als Konkurrentin zur Kunst tritt die öffentliche Meinung auf. Wie überhaupt können die zwei so naiv sein zu glauben, sie könnten so etwas darstellen wie ein erstes Paar? Außer Acht lassen, was um sie herum geschieht? Sätze sprechen, die noch kein Paar gesprochen hat, geheime Gesten erfinden, die jenseits von aller Liebestradition stehen? Und doch: Sie sind auch ein erstes Paar, entwischen dem schnellen Zugriff, gehen durch den Spiegel hindurch, in dem sie sich gerade noch betrachten konnten. Sie lachen über die Bilder und Sätze, durch die andere glauben, ihre Beziehung zu verstehen. Sie sind präsent in der Öffentlichkeit und verbergen sich gleichzeitig vor den gierigen Blicken der Zuschauer, Zuhörer. Peter K. Wehrli, Jahrgang 1939, Schriftsteller und Kunsthistoriker, beschreibt einen Besuch im Haus Kirchgasse 31, in dem es am 11. Juni 1960 ein großes Fest gab. Alle Stockwerke beteiligten sich, die Wohnungstüren standen sperrangelweit offen. »Unter all den Türen war im zweiten Stock eine, die nicht offenstand, die nur angelehnt war. Sie gab den Blick ins Innere des Raumes nur frei, wenn jemand eintrat oder herauskam. Die Heimlichkeit, die diese Abschirmung vom Festtrubel erzeugte, war für uns von beunruhigender Faszination. Und irgendwie beneideten wir die Leute – Max Frisch und Herrn Piper – , die da ein- und ausgingen, als wäre dies die reine Selbstverständlichkeit.«[3] Offenheit und Abschirmung in einem erlebt Peter K. Wehrli. Es ist nicht wie bei den anderen Wohnungen, dass jedermann Zugang hat, ein gemeinsames Fest stattfindet.

Und deshalb muss man, damit eine Annäherung möglich ist, andere, ungewöhnliche, indirekte Wege, vielleicht auch Umwege gehen. Und trifft auf die Schauplätze, an denen sich Bachmanns und Frischs Leben abspielt, abgespielt hat, begegnet Orten, Städten, Landschaften. Bei wenigen Schriftstellerinnen und Schriftstellern nämlich spielen die Gegenden, in denen sie sich aufhalten, eine so große Rolle.

So kann man sich Bachmann und Frisch an die Fersen heften, wenn sie sich in ihren Lieblingslandschaften und -städten bewegen oder sich gerade mühevoll einzurichten versuchen an weniger geliebten Orten.

Ein Schlüssel zu dem, was für Ingeborg Bachmann und Max Frisch Beziehungen bedeuten, überhaupt zu der Art, wie sie Beziehungen eingehen, liegt vor allem auch in den Mustern ihrer Stadt-, Orts- und Landschaftsbegegnungen. So wie sie sich Städten, Landschaften, Gegenden nähern, so nähern sie sich Menschen, ihren Geliebten, Freunden, vagabundierend oder zielgerichtet, schüchtern oder voller Eroberungswillen, abwartend oder fordernd.

Bachmann und Frisch sind Reisende und Bleibende in einem. Sie kennen Herkunfts- und Sehnsuchtsorte, -städte, -landschaften. Sie suchen Orte, an denen sie länger verweilen, ja vielleicht sogar für immer wohnen könnten. Und sie verlassen diese Orte, um auf ausgedehnte Reisen zu gehen. Und nie sind sie ganz da, wo sie gerade weilen, denn den eigentlichen Aufenthaltsort bestimmt schließlich die Arbeit, das Schreiben.

Im September 1960 reist das Paar nach Spanien. Aus Madrid schreiben sie gemeinsam an Celan und seine Frau, jeder ein paar Zeilen. Frisch spricht davon, wie viel es zu erleben gäbe, könnte man alles erleben.[4] Er scheint sich in einem Zustand des Zuviel zu befinden, und man glaubt es kaum, dass dieser so erlebnisunersättliche Mann irgendwann an seine Grenzen kommen könnte. Vielleicht ergreift ihn auch einfach die Apathie, die sich in der südlichen Hitze leicht einstellt, und erweckt in ihm den Eindruck, eigentlich mehr erleben zu müssen, als im Moment möglich ist. Was aber doch ein wenig verrückt erscheint: Warum in aller Welt schreiben sie an Paul Celan und Gisèle Lestrange? Wollen sie eine Art Beziehungsnormalität demonstrieren, indem ein Paar einem anderen Paar eine Urlaubsbotschaft sendet? Dieser Satz von Max Frisch über die Grenzen der Erlebnisfähigkeit enthält vielleicht noch eine weitere Botschaft. Womöglich bemüht sich Max Frisch auch, ja nichts allzu Simples hinzukritzeln, keine Lappalie zu erzählen, nein, sondern einen Satz zu formulieren, der nachdenklich stimmen muss, der es in sich hat. Schon einmal hat er eine harsche Kritik Ingeborg Bachmanns provoziert, als er in einem Brief an Celan aus dem April 1959 allzu spontan drauflosgeschrieben hat. Zu viel Geschwätz fand die »Herrin« im Brief. Frisch mag eigentlich das Spontane, wenn er einen Brief schreibt, er kann es nicht leiden, wenn zuviel »desinfiziert«[5] wird darin. Er hat jedoch seine Lehre in dieser Hinsicht gezogen und verstanden, wer die Herrin der wesentlichen Sätze ist, vor allem wenn sie an einen hochsensiblen Dichter und Menschen wie Paul Celan gerichtet sind. Dies ist wieder solch eine Situation, in der das Spielerische im Wesen Frischs auf Bachmanns absolute Anspruchshaltung trifft. Wenn es um Sprache geht, bleibt sie unerbittlich.

Die Wohnung in Uetikon bringt kein Glück, darüber sind sich Frisch und Bachmann sehr bald einig. Sie haben zwar nicht vor, ihre Zürcher Zelte ganz und gar abzubrechen, aber es zieht sie in die Ferne, irgendwohin, wo die Bedingungen für ein Zusammenleben günstiger scheinen: kein Dorf, keine Enge, stattdessen Weltoffenheit, ein heiterer Glanz, Licht, Schönheit, mit einem Wort: Rom. Eine Wohnung ist schnell gefunden, in einem lärmigen Viertel im Zentrum, Via Giulia 102. Der Umzug erfolgt im Herbst 1960. Ingeborg Bachmann, die Rom-Spezialistin, hilft Frisch, dem Rom-Anfänger, ein paar Tage beim Sich-Einleben, dann lässt sie ihn allein und kehrt noch einmal für vier Wochen nach Zürich zurück, um in Ruhe zu arbeiten und um sich wieder einmal ein letztes Mal mit Paul Celan zu treffen. In ihrer Wohnung will sie ihren Exgeliebten allerdings nicht unterbringen, weil, wie sie schreibt, das Miethaus allzu »schweizerisch« sei. Ihr Schweiz-Bild scheint endgültig zementiert.

Irritiert fragt man sich zum wiederholten Mal: Wen eigentlich liebt Ingeborg Bachmann? Paul Celan, Max Frisch oder beide? Wie hält Max Frisch diese merkwürdige Tändelei aus? Es ist zu früh, die Geliebte mit Eifersuchtsattacken zu erschrecken. Frisch ist sich bewusst, dass er damit alles aufs Spiel setzen würde. Und so sucht er sich eine Art Rettungsanker. Später wird er zugeben, dass er ab und zu eine »andere Frau« besucht, aber eine Befreiung von seiner leidenschaftlichen Eifersucht ist das nicht. Und so versucht sich der eigentlich eher deutungsresistente Frisch an einer Erklärung für Bachmanns befremdliches Verhalten. Auf der Suche nach dem Vorbild einer »großen« Liebenden stößt er auf die »Portugiesische Nonne« Mariana Alcoforado aus dem Kloster von Beja, die 1669 an den Marquis de Chamilly glühende Liebesbriefe geschrieben hat. Sie rede in ihren Briefen nicht eigentlich vom Geliebten, sondern vielmehr von ihrer Liebe. Sie sei eine von der Liebe Begeisterte, die über dem Liebesenthusiasmus den Geliebten vergesse. Nachzulesen ist darüber in Frischs Roman *Mein Name sei Gantenbein*. Und damit bewegt sich Frisch nicht sehr weit entfernt vom Liebesverständnis Ingeborg Bachmanns: Für sie ist die Liebe in ihrer vollkommenen Ausprägung ein Kunstwerk, intensiv und phanatisch. Es sei das »Phänomen der Liebe, – wie geliebt wird«[6], was sie interessiere. Auf diese prägnante Weise drückt Bachmann es in einem späten Interview aus dem Jahr 1971 mit Ilse Heim aus. Und so »übersieht« Ingeborg Bachmann im Zustand der Liebe vielleicht einfach den anderen, den Geliebten, der ja ein Individuum ist. Sie liebt die Liebe, die einmal Paul Celan heißt, ein anderes Mal Max Frisch, die in jedem Fall besonders ist und einmalig, aber eben ein Kunstwerk sein will. »Liebe führt in die tiefste Einsamkeit. Wenn sie ein ekstatischer Zustand ist, dann ist man in keinem Zustand mehr, in dem man sich durch die Welt bewegen kann.«[7]

Max Frisch hingegen muss wissen, wer die Frau ist, die er liebt. Er macht eine Erfahrung mit einer individuellen Frau, auch wenn seine Liebe nie frei ist von Erfindung. Max Frisch kämpft in der Liebe um eine bestimmte Person, Ingeborg Bachmann kämpft darum, dass sie nicht aus dem Zustand der Liebe fällt. Das ist ein großer Unterschied. Für den Mann an Bachmanns Seite wird die Lage dadurch unüberschaubar. Er kann tun, was er will, es ist vielleicht gerade jetzt wieder einmal das Falsche.

Lassen Bachmann und Frisch sich nun in der für ein Gelingen ihrer Beziehung am besten geeigneten Stadt nieder? Gibt es einen solchen Ort überhaupt? Warum Rom? Rom ist schließlich nicht nur Süden, Wärme, Licht. Rom ist eine pulsierende Großstadt. Und die Menschen in dieser Stadt sprechen eine fremde Sprache.

Bachmann und Frisch lieben gerade die großen Städte, und vor allem auch die Metropolen, aber sie unterscheiden sich in der Art und Weise, wie sie sich diesen Städten annähern und sich in ihnen bewegen.

Max Frisch, der bergkundige Wanderer, nimmt sein Bewegungsmuster auf Reisen mit, sodass man sagen kann, er befreundet sich mit einer fremden Stadt, indem er sie erwandert. Er geht spazieren, oft mit Freunden und immer durch die gleichen Viertel. Peter Bichsel schildert die für Max Frisch typische Art des Spazierengehens in einer Großstadt so: »Als ich Max Frisch zum ersten Mal in New York besuchte – er wohnte an der Commerce Street in einem Backsteinhäuschen, das ihm die Tochter von Hugo von Hofmannsthal zur Verfügung stellte – sagte er gleich am ersten Morgen: ›Wir gehen spazieren.‹ ... Frisch erzählte nicht viel von der Stadt, er zeigte nur auf die Dinge, forderte nicht zum Bewundern auf, aber er blieb stehen und bewunderte, er beschrieb die Stadt nicht, er machte sie mir vor, und er stand auf der Fähre ganz vorn in der Haltung eines Kapitäns und fuhr auf seine Stadt zu.«[8] Indem Frisch ein

Stadtviertel immer und immer wieder durchquert, wird es zu seinem Stadtviertel, auch wenn die entsprechende Stadt nicht seine Heimatstadt ist. Gleichzeitig bewahrt er sich so etwas wie einen ersten Blick. Er bleibt ein Bewunderer, lässt der Stadt ihr Geheimnis und will sich fremden Besuchern gegenüber nicht als Kenner präsentieren. Selbst in Zürich, seiner Heimatstadt, ist es das gleiche Spiel wie in New York: Frisch erklärt nicht, er zeigt, er staunt und bringt seinen Begleiter so dazu, selbst zu staunen. Schau her, so großartig ist das. Ich biete dir an, es genauso wahrzunehmen wie ich. Zwar ist dies meine Heimatstadt, durch die ich dich führe, aber glaub ja nicht, gerade ich könnte dir ein kenntnisreicher Führer sein. Wer nicht bewundert, nimmt nicht wahr. So würde Frisch es ausdrücken. Trotzdem aber ist auch Kritik selbstverständlich zulässig. Das bewundernde Verhältnis zu einer Stadt muss nicht vorbehaltlos positiv sein. Frisch liebt New York, er liebt Zürich und hat beiden Städten gegenüber ein abgewogen kritisches Urteil.

In Frischs Roman *Stiller* wird die Aussicht vom Rockefeller-Turm mit dem Blick von einem Berggipfel verglichen: Da sitzt einer nach dem langen, anstrengenden Aufstieg weit oben, schaut hinunter und genießt staunend das Geflimmer da unten. Und dabei hat er nicht vergessen, wo er herkommt, nämlich aus der Schweiz mit ihren Bergen, Tälern und einer reichen Vegetation. Im Gegenteil: Da nimmt er mitten in New York blaue Gletscher und Löwenzahn wahr, phantasiert Herbstzeitlose und eine Walpurgisnacht auf dem Theater. Das Gedächtnis baut hier mit am Bild, das sich dem Schauenden bietet. Im Schauen erfindet die Einbildungskraft die Stadt, indem sie Bilder aus dem Gedächtnis verbindet mit frischen Eindrücken.

Wenn Frisch einem Menschen begegnet, den er bislang nicht kannte, oder einer unbekannten Frau, passiert etwas ganz Ähnliches, und es entsteht die Frage: Wird er, Max Frisch, angenommen oder nicht? Ist eine Übereinstimmung möglich zwischen Erfindung und Realität? Wie er um eine Frau wirbt, so wirbt Frisch um die Städte, in die er kommt. Und nie tut er es ohne Imaginationskraft und Erfindungsreichtum.

Ingeborg Bachmann hingegen ist auf keinen Fall als Wanderin, sondern eher als eine Art Flaneurin und Archäologin unterwegs. Sie weiß auch immer um die unterirdischen Schichten und Geschichten einer Stadt. Es ist nicht der staunende Blick wie bei Frisch, sondern der ahnende, sich im Dickicht orientierende, Geheimnisse witternde, auch der wissende, sich bereits durch Lektüre vorab informiert habende Blick. Und Bachmann hat nicht unbedingt den Wunsch, dass andere teilhaben mögen an ihrer Sicht auf die Stadt.

Innen und außen, Bewusstsein und Welt sind bei ihr ununterscheidbar verbunden. Sie streift durch die Straßen, Restaurants, Cafés mit der Ausstrahlung einer Person, die die anderen Menschen ihrer Umgebung dazu auffordert, doch bitte einen gehörigen Abstand einzuhalten. Ingeborg Bachmann geht nicht spazieren in den Städten. Und auf keinen Fall hat ihr Schlendergang etwas von einer Wanderin. Fast könnte man ihre Art zu flanieren ein »Wandeln« nennen. Als käme diese Person von weit her, sei nicht heimisch in dieser Stadt, wisse aber sehr wohl um die Schätze, Reichtümer und womöglich auch die grausamen Geschichten, die zu deren unverwechselbarer Identität gehören. Auf Traumpfaden geht Bachmann über den Asphalt, aber keine Traumverlorenheit vermag darüber hinwegzutäuschen, dass ihr Wissen Lexikonqualitäten aufweist und sie ein ausgesprochenes Ausgräberinnentalent hat. Sie weiß in gewisser Hinsicht ganz genau, wo sie ist.

Und ganz besonders genau weiß sie, wo sie ist, wenn sie in Rom ist.

Nach Rom führt Ingeborg Bachmann Max Frisch, so wie er sie nach Zürich gebracht hat. Oder besser: Sie zieht ihn hierher, er folgt. Im November 1960 ist es so weit. Frisch weiß, dass Bachmann in Zürich auf Dauer nie wirklich frei und glücklich sein könnte. Rom, das ist »ihre« Stadt. Frisch lässt sich ein auf dieses Abenteuer. Doch Bachmann will ihm Rom nicht so zeigen, wie er ihr Zürich gezeigt hat. Frisch muss sich seinen Zugang zu dieser Stadt selbst suchen. Bachmann spricht die fremde Sprache, Frisch nicht. Hier in Rom ist sie eine besondere Art »Einheimische«. Ingeborg Bachmann hat seit 1953 mit Unterbrechungen immer wieder längere Zeit in Rom gewohnt. Was sie in Rom »sah und hörte«, hat sie 1955 in einem Essay festgehalten. Max Frisch hatte Ingeborg Bachmann in seine Heimatstadt Zürich »entführt«. Jetzt verhält es sich anders: Rom ist nicht Bachmanns Heimatstadt, sie »entführt« Frisch nicht in die Stadt ihrer Kindheit und Jugend, aber vielleicht doch in eine Art Zuhause, denn Italien ist für sie das Land, in dem sie sich, als sie es 1952 zum ersten Mal betrat, wie neugeboren fand. Sie fühlt sich daheim hier, weit eher als jemals in Klagenfurt. Sie ist von Anfang an Einheimische und »Touristin« zugleich. Sie hat viel gelesen über Rom und läuft sich die Füße wund, um all das zu sehen, was alle kennenlernen wollen, die nach Rom kommen. Und darüber hinaus vieles, was längst nicht alle Touristen sehen. Paul Celan, als er sich im Juli 1959 wieder einmal sorgte um Bachmann, schrieb ihr damals, es beruhige ihn, dass sie in Rom sei, also »irgendwie daheim«.

Max Frisch ist gar nicht bestrebt, sich ein groß angelegtes Wissen über diese Stadt und ihre Geschichte anzueignen. Dennoch muss er einen geheimen Draht zu Rom haben, denn der Ingenieur Faber in seinem Roman *Homo faber* erkennt, ausgerechnet auf einem Grabhügel an der Via Appia sitzend, dass die Frau an seiner Seite, Sabeth, seine Tochter ist. Vor vielen Jahren war Frisch schon einmal in Rom, und die Via Appia hat ihn schon damals fasziniert. Jetzt geht er viel herum, findet, Rom sei eine Fußgängerstadt, und er kennt schon bald statt der Thermen und anderer Sehenswürdigkeiten unzählige Cafés und Trattorien, die er sich erwandert hat. Max Frisch entdecke und erlebe Rom auf seine Weise und finde fast alles ganz »doll«, besonders die Snackbar oben im Café de Paris in der Via Veneto, das sei für ihn das große Mondäne, das habe genau den Schick und das Temperament, die Zürich fehlten, konstatiert Hans Werner Henze, der in der Welt des Mondänen nicht unerfahren ist.[9] Ganz abwegig scheint Henzes Sichtweise nicht zu sein, auch wenn der unverbesserliche Frisch-Hasser sich ziemlich fies ausdrückt: Man kann ihn vor sich sehen, den Schriftsteller Frisch, an seiner Pfeife kauend und ruhig um sich blickend, wie er dieses herrliche Rom unbeobachtet genießt. Er passt sich an das für ihn Typische der Stadt an. Er findet eine Rolle für sich, die seiner Meinung nach zu Rom passt. Dabei macht er ja keineswegs Ferien, sondern arbeitet gerade jetzt in diesen ersten Winterwochen in Rom sehr diszipliniert, ist aber nicht der Meinung, das liege an der Stadt, sondern ganz einfach daran, dass er anderswo als in der Heimat sei. Sein Leben in Rom hat für ihn jenseits von Lebenslust und -genuss schlicht und einfach den Sinn, wieder in die Kontinuität der begonnenen Arbeit hineinzukommen. Peter Bichsel, der Schweizer Schriftstellerfreund, zeigt sich immer wieder begeistert staunend über Frischs Arbeitsenergie. Überall, wo er angekommen sei, habe er zunächst einmal eine Schreibmaschine organisiert und mit der Arbeit begonnen, wie um sich selbst zu beweisen, dass man nicht zum Müßiggang hierhergereist sei, sondern vorrangig, um zu schreiben. Frisch reist zwar, er lernt fremde Gegenden kennen, aber immer arbeitet er gerade an etwas, und das darf nicht leiden unter den neuen Eindrücken. Dass er konzentrierter arbeiten kann, wenn Bachmann nicht da ist, hat Max Frisch gelernt. Und so sehnt er sich zwar nach der Geliebten, hat aber gleichzeitig Angst vor möglichen Arbeitsunterbrechungen, sobald sie von ihrer Reise zurückkehrt. Rom sei eine wunderbare Stadt, das betont Frisch immer wieder. Auch wie sehr er das »große Licht« liebe. Aber eben genauso liebt er sein Arbeitszimmer und dessen Tür, die er jederzeit abschließen kann. Und so liegt der eigentliche Sinn des Rom-Aufenthalts für Frisch in der Tatsache, »anderswo« zu sein, sich auszuprobieren, und vor allem die Arbeit am neuen Stück *Andorra* voranzutreiben. Allerdings, auch das gibt er immer wieder zu, sei das Alleinleben auf Dauer nicht die zu ihm passende Lebensform, Arbeitseinsamkeit hin oder her. Wenn er zu lange allein sei, täten sich viele Leerstellen auf und eine Öde breite sich aus. Er ist und bleibt der Alte: Abenteurer und Bürger, er sucht die Einsamkeit und kann gleichzeitig nicht auskommen ohne die Nähe der Menschen. Schließlich ist Max Frisch auch überaus begabt für die Freundschaft. Er pflegt zeitlebens ausgeprägte Freundschaften, seine Freunde kennen einander, man sieht und spricht sich gern, feiert Feste zusammen. In der Zeit des Zusammenlebens mit Ingeborg Bachmann muss Frisch in dieser Hinsicht Einschnitte hinnehmen.

Zunächst also wohnt das Paar, diese »Art von Paar«[10], wie Frisch sich ein wenig vorsichtiger ausdrückt, in der Via Giulia 102, in der Nähe des Tibers, im Gewühl der Touristen, in der Nachbarschaft des Caffé Greco und anderer vornehmer Cafés, in denen auch sie sich gern niederlassen. Außerdem befinden sich in diesem Viertel elegante Läden, in denen sich Frauen, die darauf Wert legen, elegant einkleiden können. Ingeborg Bachmann gehört zu diesen Frauen, vor allem ihre »Scarpemania« ist legendär[11], und Max Frisch lässt sich anstecken. Es scheint, er habe hier in Rom entdeckt, dass das große südliche Licht und der in eleganter Lässigkeit gekleidete Mann sich gut miteinander vertragen. Allerdings wirkt das Mondäne, Dandyhafte bei ihm auch ein wenig wie eine Verkleidung. Selbst seine ungestümen Haare trägt er jetzt glatt nach hinten gekämmt. In Pullover oder in Wanderkleidung macht er einen authentischeren Eindruck. Aber das würde zu Rom nicht so ganz passen. Und Ingeborg Bachmann wünscht sich mit Sicherheit in ihrem Rom keinen Mann in sportlicher Breitcordhose und Joppe an ihrer Seite. So passt die mondäne Kleidung viel besser, auch wenn sie bei Frisch künstlich wirkt. Mit fast 50 Jahren schlüpft der weit über die Schweizer Grenzen hinaus anerkannte, in der literarischen Welt bewunderte Schriftsteller Max Frisch wieder einmal in eine neue Rolle, will er noch einmal wissen, wie das ist mit den Festlegungen durch die anderen und ob man sie nicht durchbrechen kann. Außerdem liegt ihm das Clowneske nicht fern, er spielt gern mit seiner Wirkung auf andere.

Rom, die Ewige, Glänzende, Mächtige, ist keine Kulisse, kein Hintergrund, sondern Mitspielerin im Liebesdrama Max Frischs und Ingeborg Bachmanns.

Vor allem ist Rom eine, ja vielleicht sogar die einzige Stadt, in der unter der Erde mindestens genauso viel Geheimnisvolles, Geschichtsträchtiges zu finden ist wie über der Erde. Rom ist für das Auffassungsvermögen, die Empfindungskraft, für ein rationales Durchleuchten sowohl überirdisch wie unterirdisch eine riesige Herausforderung. Egal, ob es sich um Mauern handelt oder um Wohnungen, Tempel, Münzen, Essgeschirr, Schmuck, Elend, Festlichkeit und Kummer, Krieg und andere Grausamkeiten, Gräber oder Brunnen. Man braucht bloß die Erde aufzukratzen und findet Fremdvertrautes, den Kummer zum Beispiel, nur dass es der Kummer anderer, bereits Verstorbener ist und aus einer längst vergangenen Epoche stammt.

Rom ist eine Stadt, die für die Sinne gemacht ist, allen voran für die Augen, aber auch fürs Schmecken, Riechen und Hören. Es kann geschehen, dass jemand in einer Kurve plötzlich erstaunt stehen bleibt und sich fragt: Woher weht der Wind? Ist der Wind heutig oder weht er von fernher? Wenn es ein Schirokko sei, dann sollte man nicht laut reden, sondern flüstern oder noch besser schweigen, denn das Lieblose komme in diesem Fall allzu rasch über die Lippen. So erlebt und beschreibt es Ingeborg Bachmann. Jenseits von Eleganz, Grandezza, Lässigkeit, Scarpemania liegen die eigentlichen Erfahrungen, die sie gemacht hat in Rom, bevor sie Frisch kennenlernte. Es sind die Erfahrungen, die sie in ihrem Essay *Was ich in Rom sah und hörte* aufgeschrieben hat. Dass der Tiber nicht schön sei, die Palazzi hingegen sehr, und dennoch die Barbarei überall spürbar bleibe. Wie zum Beispiel beim Palazzo Cenci, der in der Nähe der gemeinsamen Wohnung in der Via Giulia liegt. Zu diesem Palazzo erzählt man sich eine Geschichte: Francesco Cenci soll den Wunsch gehabt haben, sich seiner Kinder Giacomo und Beatrice zu entledigen. Diese aber kamen ihm zuvor und ermordeten ihn. Sie wurden zum Tode verurteilt und am 11. September 1599 an der Engelsbrücke enthauptet. Eine spannende Mordgeschichte, die Bachmann beeindruckt, die sie nacherzählt und die auch Frisch, der immer ein Ohr hat für Mörderisches, interessieren könnte. Was jedoch Rom und seine Geschichte betrifft, so bleibt ihm dieser Aspekt eher fremd. Er fühlt sich wohler in Städten, in denen nicht so vieles unter der Erde liegt, die nicht prahlen mit ihren Schätzen in der Tiefe der Erde und der Zeiten. New York zum Beispiel: Hier lebt Frisch auf, fühlt eine Freiheit, die er in Rom nicht erleben kann. In dieser Stadt weiß man, woher der Wind weht. Die Großartigkeit New Yorks, das Gigantische der Gebäude, Straßen, Brücken kommt ihm weit eher entgegen als die geheimnisumwitterten Palazzi, Kirchen, Gräber und Mauern Roms, wo man schon Angst haben kann vor einem Fall in die Tiefe, sollte sich die Erde plötzlich unter einem öffnen.

Ingeborg Bachmann ist längst nicht nur im edlen Caffé Greco zu Gast, sondern auch in den nicht durch den Besuch großer Berühmtheiten geadelten einfachen Bars: »In einer römischen Bar sah und zählte ich: eine Katze mit witzigen Ohren und einem fast nackten Gesicht, weißen Beinkleidern und einer honigfarbenen Weste aus einer besseren Zeit. Einen Kellner, der den Kaffee verschüttete und die Aperitif-Gläser überschwappen ließ. Einen kleinen Jungen mit vorgebundener Schürze, der die Tassen und Gläser wusch und nie vor Mitternacht ins Bett ging. Gäste, die kamen und gingen, und einen Gast, der immer wieder kam und von kleinen Schlucken Bitterkeit lebte.«[12] Ingeborg Bachmann setzt sich aus, lässt in ihrem Text Stimmen laut werden, die sonst ungehört verhallen. Sie begibt sich an Orte, wohin sich kein Tourist verirrt. Und Frisch? Er hat es nicht so mit dem Untergründigen, Abseitigen. Er kennt sich in Rom bald in Taxifahrermanier aus und will einfach glücklich sein, freudig arbeiten, die Freiheit einer gewissen Anonymität genießen, wenigstens für eine gewisse

Zeit. Hier in Rom hat es für ihn wirklich zum ersten Mal eine Bedeutung, freier Schriftsteller zu sein.

Das Archäologische bei Bachmann, das sich immer und überall zeigt, es hat auch zu tun mit ihrem ausgeprägten Hang zum Philosophieren, zur Theoriebildung überhaupt. So hat sie im Wintersemester 1959/60 die Reihe *Frankfurter Vorlesungen: Probleme zeitgenössischer Dichtung* eröffnet. Bei der Eröffnungsvorlesung war Frisch sogar dabei, saß in einer der vorderen Reihen und hütete Bachmanns Mantel auf seinem Schoß. Später will sie lieber allein nach Frankfurt reisen. Sie spricht in diesen Vorlesungen unter anderem von der Deutungs-, Erkenntnis- und Sinnsucht der Schriftsteller. So würde Frisch es nicht ausdrücken, und genau hier liegt auch der Unterschied im Verhältnis der beiden zu einer Stadt wie Rom. Ingeborg Bachmann sucht in den Tiefenschichten, Frisch wehrt so etwas wie Deutungssucht ab.

Vor der Philosophin, der Tiefschürferin Ingeborg Bachmann hat Frisch vielleicht sogar ein wenig Angst. Der Schweizer Schriftsteller Hugo Loetscher, der sich selbst als denkerisch tiefsinnig und gebildet einstuft, berichtet von einem Besuch in Rom, dessen Schönheiten ihm Bachmann zeigen möchte. Frisch verzichtet darauf, mitzukommen. Loetscher und Bachmann besuchen ein Lokal an der Via Appia, sehr schick und sehr teuer, und gegen Mitternacht landen sie im Café Rosato an der Via Veneto. Das ist ein Lieblingslokal Bachmanns, und hier sprechen sie über Heidegger und Wittgenstein. Irgendwann taucht Frisch auf, setzt sich aber nicht dazu, sondern geht gleich weiter.[13] Er fühlt sich auf diesem philosophischen Gebiet als »Halbkundiger«, kennt sich zum Beispiel nicht aus bei Martin Heidegger, über den die Geliebte promoviert hat. Ob das der Grund ist, weshalb er sich nicht zu den beiden gesellt, bleibt unerforscht. Loetscher hat ein gespaltenes Verhältnis zum berühmten Max Frisch, dem er sich intellektuell und bildungsmäßig überlegen fühlt. Dabei braucht man gar nicht besonders bewandert zu sein in der Philosophiegeschichte und kann dennoch eine Nähe zum Philosophischen haben. Ludwig Wittgenstein zum Beispiel, dessen Denken Bachmanns philosophischen Anschauungen am nächsten kommt, ist Frisch wahrscheinlich unbekannt. Dabei verkündet gerade Wittgenstein, dass die Philosophie keine Lehre, sondern eine Tätigkeit sei. Man muss also kein ausgewiesener Theoretiker sein, wenn man philosophiert. Frisch sagt zu diesem Thema: »Ich habe nichts gegen Theorien. Ich habe nur selbst keine.«[14] In seinen New Yorker Poetik-Vorlesungen von 1981 entspricht Frisch überhaupt Wittgensteins Denken in sehr vielen Punkten. Dass das Eigentliche unsagbar bleibt und die Sätze dies Eigentliche nur umstellen können. Dass es ankommt auf das Weiße zwischen den Sätzen. Denken hat für Frisch den Charakter des Fragmentarischen. Im Denken kommt man den Dingen nicht auf den Grund, weit eher reißt man den Abgrund auf, aus dem heraus sich die Geschichten erzählen lassen. »Das ist ein seltsames Phänomen: indem wir schreiben, lösen sich Gedanken von uns ab, auch Bilder. Sie liegen herum. Wie Objekte. Sie können mir missfallen, wenn ich sie zufällig sehe, oder sie können mich überzeugen: als hätte ich das nicht selbst gemacht.«[15] Magie sei im

Spiel bei der Erfindung von Geschichten. In einer Diskussion anlässlich seiner Vorlesungen am City College in New York im November 1981 bezeichnet Frisch sein Denken, das sehr stark mit dem Begriff der Utopie arbeitet, sogar als ein »antiphilosophisches Denken«. Antiphilosophisch im Sinn von antiexistenzialistisch ganz sicher, denn seine frühe philosophische Haltung hat Frisch abgelegt. Antiphilosophisch ist er trotzdem nicht. Seine Daseinsfreude, das Glück, zu sein, weist ganz und gar in die Richtung Wittgensteins. Für den Philosophen Wittgenstein liegt das Mystische im Dass-Sein der Welt, nicht im Wie-Sein. Dass überhaupt etwas ist, bestürzt und beglückt in einem.

Ingeborg Bachmann veröffentlicht 1953 einen Essay über Wittgenstein in den *Neuen Frankfurter Heften* wie auch einen Radioessay, der im Bayerischen Rundfunk gesendet wird. Ingeborg Bachmann ist der Meinung, Philosophisches gehe nie in direkter Weise ins Schreiben ein. Es sei eher die Atmosphäre, in der gedacht wird oder geschrieben oder beides. Die »tönende Grenze«, von der Frisch im *Schwarzen Quadrat* spricht, hat eine Verwandtschaft zu Wittgensteins Aussage von der Grenze der Sprache und dass das Eigentliche sich nicht aussagen lässt, sich aber zu zeigen vermag. In die gleiche Richtung denkt Bachmann, wenn sie schreibt: »Unser Verlangen macht, dass alles, was sich aus Sprache schon gebildet hat, zugleich teilhat an dem, was noch nicht ausgesprochen ist, und unsere Begeisterung für das weiße, unbeschriebene Blatt, auf dem das noch Hinzuzugewinnende auch eingetragen scheint.«[16] Die Grenze ist dasselbe wie das Weiße, Geheimnisvolle, das sich nicht sagen lässt, aber gleichwohl »tönt«. Gerade in seinen Aussagen zur Arbeit des Schreibens erweist sich Frisch als Poet. Und als einer, der schreibend denkt oder denkend schreibt. Wie Ingeborg Bachmann, deren Denken ihm fremd-vertraut ist. Und Wittgenstein, der poetische Denker. Ungeahnte, spannende Zusammenhänge, Gemeinsamkeiten, Konstellationen, die hineinspielen ins Atmosphärische dieser Liebesgeschichte.

Was Hugo Loetscher über sein Intellektuellen-Treffen mit Bachmann in Rom beschrieben hat, ist symptomatisch für die unterschiedliche Art, wie Bachmann und Frisch mit ihren Gästen kommunizieren. Frisch geht gern spazieren, führt seine Gäste durch die Stadt und vor allem in deren Umgebung. Mit dem Schriftstellerkollegen Paul Nizon, der 1960 Stipendiat der Villa Massimo ist, macht er einen Ausflug in die Albaner Berge, mit dem Freund Aerni und seiner Mutter fährt er ans Meer. Bachmann hingegen ist darauf aus, ihren Gästen »ihr« Rom zu zeigen, das heißt, sie bewegt sich weitgehend im Stadtinneren und liebt es, mit ihren Gästen in einem ihrer Lieblingscafés oder -restaurants zu sitzen, wie sie es aus ihrer Wiener Zeit gewohnt ist. Außerdem hat sie auch Kontakte zu italienischen Intellektuellen und Autoren, die sie während ihres ersten Rom-Aufenthalts zwischen 1954 und 1957 kennengelernt hat. Sie arbeitete an der Zeitschrift *Botteghe Oscure* mit, bei der auch Alberto Moravia, Pier Paolo Pasolini und Elsa Morante arbeiten. Es handelt sich um eine grenzüberschreitende literarische Zeitschrift, in der unter anderem Gedichte von Nelly Sachs, Hans Magnus Enzensberger, Paul Celan und Walter Höllerer abgedruckt wurden.

Bei der Auswahl der deutschen Beiträge war Ingeborg Bachmann beteiligt. Max Frisch bleibt im intellektuellen Leben der Stadt eher Außenseiter. Er fühlt sich wohl in dieser Art wundervollem Exilzustand.[17] Mit der Sprache des Landes kann er sich anfreunden, weil Ingeborg Bachmann das Italienische so sehr liebt und perfekt spricht. Sprachlich kann er sich also durchaus anlehnen und führen lassen. Er treibt mit im Rhythmus der Stadt, überlässt sich ihrem besonderen Sound und der Frau an seiner Seite.

Dass Frisch zunächst allein ist in Rom, heißt nicht, dass er »aufholt«, nachholt, was die Geliebte an Erfahrungen gesammelt hat während ihrer frühen Rom-Aufenthalte. Er will nicht wissen, wie die alten römischen Familien heißen, die Corsini und Pignatelli, Farnese und Barbarini, und was aus ihnen geworden ist. Es ist die gegenwärtigste Gegenwart, die er sucht, die er genießen möchte mit Ingeborg Bachmann und, wenn sie auf Reisen ist, ohne sie. Dabei ist es nicht einfach mit den gemeinsamen Auftritten in der Öffentlichkeit:

Max Frisch glaubt, hofft, vermutet, dass Ingeborg Bachmann ihn liebt, sie wohnt schließlich mit ihm zusammen, sie macht gern Reisen mit ihm, aber er muss erleben, dass sie nicht möchte, dass andere sehen und erkennen können, dass er der Mann ist, mit dem sie lebt und auf Reisen geht. Auf keinen Fall möchte sie, dass man den Eindruck hat, es handle sich bei ihnen beiden um ein Ehepaar. Einmal, in einem römischen Restaurant, kommt der Lyriker Peter Huchel zu ihnen an den Tisch. Bachmann zeigt sich hocherfreut, stellt Frisch aber nicht vor und Huchel ebenso wenig. Auch Huchel selbst stellt sich nicht vor, obwohl Frisch den Eindruck hat, der Dichter habe ihn erkannt. Als wüsste Huchel, dass Bachmann eine Bekanntschaft der beiden Schriftsteller nicht will. Es ist, als glaube sie zwar an die Erfindung dieser Liebe, aber nicht an den Mann an ihrer Seite. Als passe seine Erscheinung doch nicht ganz in ihr römisches Kunstwerk, auch wenn Frisch sich noch so sehr anstrengt, nach außen einen passablen Partner abzugeben.

Für Frischs Art, »ihr« Rom kennenzulernen, hat Bachmann kein Sensorium. Frischs Zugang zur Ewigen Stadt ist ihr zu spielerisch, zu wenig ernst. Dabei sind seine Ideen spannend, sehr individuell und geprägt von seiner Vergangenheit als Architekt. Die Architektur nämlich brauche das Licht, brauche die Landschaft, schreibt er in einem Brief an den Freund Aerni. Er sei am Meer gewesen, nur 45 Minuten von der Wohnung entfernt.[18] So ist Frisch auch jetzt, auch hier in Rom, offen für das Eigentümliche der Gegend, für Farben, Düfte und die Natur. Er sucht wie überall die Landschaft, er beobachtet das Wetter, er freut sich, wenn er ans Meer kann. Er knüpft an frühere Reiseerfahrungen an. Frisch ist ein großer Liebhaber von Umgebungen, er mag es, Stadtgrenzen zu überschreiten, und das Jenseits der Ränder beeinflusst seinen Blick auf das Zentrum.

Eine Art Dandy darzustellen und sich zu freuen wie ein Kind, wenn es ans Meer geht. Zwischen diesen beiden Polen bewegt sich Max Frisch in Rom. Aber er ist nicht allein. Am 21. Dezember 1960 schreibt er aus Rom an seinen Freund Aerni, gerade sei Ingeborg gekommen, das ändere sofort den Tag, die Wohnung, die

Stadt; hoffentlich könne er trotzdem weiter arbeiten. Ingeborg Bachmann bleibt das Zentrum. Ist sie da, hängt es von ihr ab, wie Rom, die Stadt, auf Frisch wirkt. Es ist eine Tatsache, die er hier dem Freund berichtet, und beim Lesen dieser Zeilen wird man den Eindruck nicht los, dass Frisch ein wenig genervt reagiert auf diese starke Präsenz Ingeborg Bachmanns.

Bachmann schreibt in der Zeit mit Frisch in Rom vor allem Erzählungen und übersetzt Gedichte Giuseppe Ungarettis ins Deutsche. Der Schauplatz von Bachmanns Prosa ist jedoch nicht Rom, sondern zumeist Wien. Sobald sich die Tür zu ihrem Arbeitszimmer schließe, sei sie in Wien. Da lebt Max Frisch also mit einer Person zusammen, einer römischen Wienerin, die an mehreren Orten zu Hause ist, und nie weiß man, wo sie sich gerade aufhält. Das hört sich an, als sei es leichter, aus der Ferne in die Nähe zu kommen, als in der Nähe zu bleiben. Als könne man authentischer über einen Ort schreiben, wenn man ihn von weither betrachtet. Das ist auch bei Frisch nicht anders: Ingeborg Bachmann lebt mit einem halb »eingerömerten« Schweizer zusammen. In Rom schreibt er neben dem Theaterstück *Andorra* an seinem Roman *Mein Name sei Gantenbein*, der in Zürich spielt.

Die Orte, mit denen die Einbildungskraft umgeht, in denen sie ihre Geschichten ansiedelt, sind also längst nicht immer die Orte, in denen ein Schriftsteller sich gerade aufhält. Und der Herkunftsort oder der Ort, an dem so etwas wie »Heimat« am intensivsten spürbar wird, kann gleichzeitig intensivster Sehnsuchtsort sein.

Max Frisch betrachtet von außen, aber nie bloß sachlich, sondern immer erfinderisch, und wenn diese Wahrnehmung von außen sowie eine Annäherung über die Phantasie gelingen, dann kann er sich vielleicht zu Hause fühlen, kann eine Beziehung entwickeln zur jeweiligen Stadt. Auch wenn Frisch Menschen begegnet, ist es oft ein sich von außen Herantasten. Bloß nicht zu viel Nähe, nicht zu viel sich miteinander Vermischendes. Das funktioniert allerdings nicht, wenn es sich um die Liebesbeziehung zu einer Frau handelt. In *Mein Name sei Gantenbein* erkennt das Erzähler-Ich: »Einzige Gewissheit über Lila: so wie ich sie mir vorstelle, gibt es sie nicht; später einmal werde auch ich sie sehen, mag sein, Lila von außen.«[19] Eine Frau, die vielleicht geliebte Frau von außen sehen zu können, das wäre die Rettung. Es könnte erlösen von dem Durcheinander, das eine allzu große Nähe verursacht. Wenn es doch nur möglich wäre, zu einer Frau die gleiche Beziehung zu haben wie zu einer Stadt. Vielleicht nicht gerade zu der Stadt, die man am meisten liebt und unter der man deshalb auch am meisten leidet, aber zu einer anderen Stadt, in der man sich einfach gern aufhält, in der man eine Art Zuhause hat. Je näher man einander kommt, desto mehr an Erfindung kommt ins Spiel. Und schon entwickelt sich ein Bild. Schon verliert man die Fähigkeit, Dinge, Menschen so zu sehen, wie sie sind.

Bei Frisch hat man den Eindruck, Sprache sei ihm ein Mittel der Vergewisserung seines Angekommenseins am jeweiligen Ort. Frisch wurzelt sich durch Sprache ein. Ingeborg Bachmann hingegen kann nie wirklich Wurzeln schlagen, egal, wo sie sich aufhält, auch wenn ihre Aufenthalte mit großer Kenntnis der örtlichen Gegebenheiten einhergehen, auch wenn die Reisende sich tiefschürfend informiert hat. Ganz ähnlich geht es den Lesern mit ihren Texten: In ihnen kann man sich niemals einwurzeln, es werden zwar Orte und Daten genannt, und trotzdem taucht man ein in eine Ort- und Zeitlosigkeit. Denn immer sind die Orte Bachmanns in der Topografie des Bewusstseins angesiedelt. Wien, Paris, New York, Berlin: Städte werden zu Selbstvergewisserungsorten. Und Selbstvergewisserung findet bei Bachmann nur in der Sprache statt. Anders als in den großen Städten bewegt sich Bachmann in der Natur. Auf die Frage, wie sie die Naturbilder in ihren Gedichten deute, meint sie im Januar 1962 zu Hans F. Nöhbauer, es sei ja nicht die Natur als solche, die vorkomme, nein, die Natur »spiele« dem lyrischen Ich etwas zu, und wenn überhaupt von Landschaft zu sprechen sei, dann im Sinn eines »Sprachlandes«. Sie gehöre nicht zu den »Gräserbewisperern« und könne keine drei Blumensorten auseinanderhalten.[20] Die wissensdurstige Ingeborg Bachmann: Hier im Bereich der Natur erlahmt ihr Interesse offenbar. Das lyrische Ich bei Ingeborg Bachmann geht Hand in Hand mit den Worten. Eine Birke ist nicht länger nichts als ein Baum. Sie ragt in den Morgen, wacht auf aus nächtlichem Schlaf, weil das lyrische Ich ihr das zuspricht, weil es sich dem lyrischen Ich zuvor schon zugesprochen hat.

Das ist bei Frisch ganz anders: Er kann Blumensorten auseinanderhalten, auch Baumsorten, Steine und sogar verschiedene Arten des Donners: Latten-Donner, Plapper-Donner, Kissen-Donner, Knatter-Donner, der munkelnde Donner, Polter-Donner, Pauken-Donner. Im Verhältnis zur Natur wird Frisch zum »Wissenden«, zum Kenntnisreichen, zu einem, der sich informiert, der belesen ist. Geologische Formationen, Gesteine, die Blitzgeschwindigkeit, Molche und Salamander, Plesiosaurier und Ichthyosaurier, Erosion, Kastanienkrebs. Für Frisch ist die Natur real in einem ganz konkreten Sinn, und das Wissen über die Natur sollte im Gedächtnis aufbewahrt werden. Die Natur ist, was sie ist. Ein Donner ist ein Donner, und ein Berg ein Berg. Natur bedeutet nicht etwas anderes, weist nicht über sich hinaus. Natur entzieht sich jeder Deutungssucht. Sie setzt dem Menschen etwas entgegen, er kann sich ihr nähern, sie kann sich ihm aber auch verweigern. Und stets bleibt sie bei sich selbst. Natur lässt sich nicht erobern wie eine Stadt. Die Natur nimmt den Menschen auf. In der Natur kann man sich aber auch ganz anders zu Hause fühlen als in der Stadt, die immer wieder in eine Fremdheit hinein entrückt ist. Frisch fühlt sich wohl in der Natur, weil die Natur bei sich bleibt und er, wenn er sich in der Natur aufhält, ebenfalls bei sich bleiben kann. Natur ist für Frisch nicht Sprachlandschaft wie für Bachmann, sondern konkretes Sosein. Er wandert im Valle Verzasca und beschreibt Felsen, Bach, Flora, Schmetterlinge, lauter »unvergessliche Nebensachen«.[21] Es sind wirklich die Felsen und die Schmetterlinge und all das andere, was in der Natur zu beobachten ist, und das Frisch hier aufzählt. Aber im gleichen Moment wird dem Betrachter Max Frisch klar, dass er all das, was er hier wahrnimmt, nicht vergessen wird, obwohl es nicht die Hauptsache ist in seinem Leben, durch die Natur zu stapfen und sich an Bach, Felsen und Schmetterlingen zu erfreuen. Sein Bezug zu Tier, Pflanze, Stein und Wasser ist so intensiv, dass sie zu etwas Unvergesslichem werden. Zu Hilfe kommt ihm dabei die Sprache, in der Naturphänomene als sie selbst aufgehoben und bewahrt werden. Und mit einem solch ausgeprägten Sinn für Natürliches, für Konturen, für Realität in einer ganz sinnlichen Bedeutung tritt er auch den Menschen gegenüber. Und trifft auf ein Zauberwesen wie Ingeborg Bachmann, mit der er zum Glück nicht die Natur erkunden muss. Es wäre kein Vergnügen für ihn.

So lassen sich die unterschiedlichen Stadt- und Naturerfahrungen Bachmanns und Frischs zusammenfassen: Frisch erlebt Städte, er erlebt Natur und findet Worte, in denen sich all das ausdrücken kann. Er macht Erfahrungen und verwandelt sie in Sprache. Ingeborg Bachmann lebt vorrangig in der Sprache und zaubert sprachliche Gebilde, aus denen heraus Natur und Stadt mit den Lesern einen Blick tauschen. Wenn Bachmann und Frisch nebeneinander durch eine Stadt gehen, zum Beispiel durch Rom, sind sie nicht an genau dem gleichen Ort. Sie erleben nie die gleiche Stadt oder Landschaft. Sie tragen verschiedene Muster von Ortserfahrungen in sich, seit der Kindheit.

Ingeborg Bachmann und Max Frisch lernen viele Städte, Orte, Gegenden kennen. Die Erfahrungen, die sie an ihren Herkunftsorten gemacht haben, bleiben jedoch prägend.

Für Ingeborg Bachmann heißt dieser Herkunftsort

Klagenfurt. Ein sprechender Name. Ingeborg Bachmann wird hier geboren, und man begräbt sie hier, entgegen ihrem Wunsch. Ihrer Meinung nach müsste man ein Fremder sein, um einen Ort wie Klagenfurt länger als eine Stunde zu ertragen. So schreibt sie über die Stadt ihrer Kindheit und Jugend in einem Brief an Uwe Johnson aus dem Jahr 1970. Wiederkommen sollte man am besten auch nicht, und wenn man hier aufgewachsen sei und sich dann ein Ich gebildet habe und man wiederkäme, sei es ganz unmöglich. Am besten zu ertragen seien solche Orte in der Erinnerung.

Aus anderen Städten zieht man eher selten nach Klagenfurt. Allerdings kommen Menschen, um hier Ferien zu machen, denn Kärnten ist ein nicht allzu teures und dazu landschaftlich schönes Urlaubsland mit viel Grün. Geworben wird vor allem auch mit dem Wörthersee, an den man Ingeborg Bachmann zufolge um 1970 schon fast gar nicht mehr herankommt wegen der vielen Touristen. Selbst von einem ruhigen Friedhof kann nicht die Rede sein, man hat den Flughafen direkt nebenan gebaut, weil die Leute in Klagenfurt meinten, die Lage sei günstig, um die Piloten zu beerdigen, die eine Zeit lang Übungsflüge machten. Aber die Piloten wollten nicht abstürzen. Stattdessen kommen im Krieg die Angriffe, die ersten im Oktober 1943, meistens während der Unterrichtszeit, und die Schülerinnen des Ursulinen-Gymnasiums müssen in den Bunker. Auch Ingeborg Bachmann gehört zu ihnen.

Und wie ist es, wenn man später, als Erwachsene, zurückkommt nach Klagenfurt? Für ein paar Stunden, Tage, manchmal Wochen? Auf Gleis II hält der Zug, denn das ist das Ankunftsgleis, während vom Gleis I abgefahren wird, nach Wien und weiter weg, in die weite Welt. Hat sich Ingeborg Bachmann schon als Jugendliche nicht selbstverständlich zu Hause gefühlt in Klagenfurt, so tut sie es später noch weniger. Sie besucht ihre Heimatstadt und ist doch auf der Durchreise. In ihrem Gedicht »Entfremdung« von 1948 kann erahnt werden, was geschehen ist mit der Beziehung der Dichterin zu ihrer Heimat:

In den Bäumen kann ich keine Bäume mehr sehen.
Die Äste haben nicht die Blätter, die sie in den Wind halten.
Die Früchte sind süß, aber ohne Liebe.
Sie sättigen nicht einmal.
Was soll nur werden?
Vor meinen Augen flieht der Wald,
vor meinem Ohr schließen die Vögel den Mund,
für mich wird keine Wiese zum Bett.
Ich bin satt vor der Zeit
Und hungre nach ihr.
Was soll nur werden?

Auf den Bergen werden nachts die Feuer brennen.
Soll ich mich aufmachen, mich allem wieder nähern?

Ich kann in keinem Weg mehr einen Weg sehen.[22]

Ingeborg Bachmann ist nicht weggegangen aus Klagenfurt, aus Kärnten, um irgendwann wiederzukommen. Schon als junge Studentin erlebt sie ihren Herkunftsort nicht mehr als Heimat und auch nicht als Sehnsuchtsort. Sogar der Natur, dem Wald, der Wiese und den Vögeln hat sie sich entfremdet. Da ist kein Weg zu erkennen, auf dem eine neue Annäherung möglich wäre.

Nicht zuletzt ist Klagenfurt der Ort, an dem Bachmann zum ersten Mal mit Krieg und Gewalt konfrontiert wurde. Ein friedliches Kärnten hat sie nur für eine sehr kurze Zeit erfahren. Bachmann ist zwölf Jahre alt und damit gerade noch ein Kind, als Hitler in Klagenfurt eine Rede hält. In den kriegseuphorischen Sätzen der Lokalpresse findet sich Ingeborg Bachmann nicht wieder. Der Lärm, das Brüllen und Marschieren der Soldaten sind ihr fremd wie nichts sonst. Ein Spalt hat sich aufgetan, der mitten durch ihre Person geht. Klagenfurt, der Ort ihrer Herkunft, kann fortan kein Zukunftsort sein. Und selbst als Herkunftsort ist Klagenfurt für die Dichterin suspekt geworden. Woher kommt Ingeborg Bachmann und wohin geht sie? Sie weiß es nicht. In welcher Sprache soll sie sich ausdrücken? Eine andere, neue Sprache muss gefunden werden nach dem Krieg, in einer fremden Stadt, vielleicht in einem anderen Land, weit weg von Klagenfurt auf jeden Fall. Ingeborg Bachmann macht den Weg frei für andere Menschen, Kinder vor allem, die nach dem Krieg in Klagenfurt leben und ohne diese schreckliche Erfahrung von Gewalt und Zerstörung hier aufwachsen. Zeugnis ablegen für diese Übergabe sollen »die Häher«, »die Fichten« und »das beredte Laub«. In der Sprache und nur in ihr finden sich Momente der Kindheit in Klagenfurt wieder. Klagenfurt ist der Ort, an dem für das Kind Ingeborg die Einübung ins Leben stattfindet. Lesen- und Schreibenlernen nehmen einen wichtigen Platz ein. Nachts unter der Decke wird gelesen, und am Tag wagen die Kinder einen Blick in die Zeitung, in der womöglich etwas über einen »Lustmörder«[23] steht. Was für ein Wort. Ganz anders als Lärche, Fichte, Dornbusch oder Sauerampfer. Die Welt kommt über die Worte heran, immer näher, wird einverleibt. In der Erinnerung kann dies alles noch einmal hervorkommen, aber Klarheit wird keine gewonnen. Wieso es gerade so war und nicht anders, bleibt rätselhaft. Das wenigste sei da, um uns einzuleuchten, und die Jugend gehöre nicht dazu, auch die Stadt nicht, in der sie stattgehabt habe. In Klagenfurt gibt es einen Baum vor dem Theater, der, wenn er im Oktober leuchtet, als sei er entflammt, einen Moment erzeugen kann, in dem Kindheit sich mischt mit anderen Erlebnissen aus der Vergangenheit, mit Gegenwärtigem und mit Zukunftsentwürfen. Dann wisse man, dass alles war, wie es war, dass alles ist, wie es ist, und verzichte darauf, einen Grund zu suchen für alles Geschehene.

Die meisten der Werke Frischs spielen in Zürich, seiner Heimatstadt, aus der er allerdings jederzeit entkommt, wenn er will, um dann in der Ferne, wo immer er landet, Spuren der Heimat zu entdecken. Wenn er sich in München aufhält, spürt er Parks und Alleen auf, denkt an goldene Herbste, an Sommergewitter, feuchtes Laub. All das ist schließlich nicht typisch für München. Überall, wo Frisch hinkommt, muss es eine Öffnung geben, einen Zug ins Geräumige, einen weiten Blick, eine Ahnung von Natur, Anklänge an seine Herkunftslandschaft.

Ingeborg Bachmann hat wenig geschrieben über ihre Kindheit, Max Frisch hat sogar behauptet, ihn interessiere die Kindheit nicht sonderlich. Bei ihm hört sich das wenige vergleichsweise harmlos an. Da ist keine Rede von der Vorherrschaft der Sprache, von Lesen und Schreiben als Annäherung an die Geheimnisse des Lebens. Der Junge Max Frisch liest sich die Augen nicht wund. Er spielt stattdessen mit den Nachbarsjungen Fußball und andere Spiele, er absolviert Mutproben in der stinkenden Kanalisation. Und die Stadt seiner Kindheit ist eine heile, friedliche Stadt. In dem Alter, in dem Max Frisch das Theater kennenlernt, abends auf dem Boden seines Zimmers liegend im Reclamheftchen *Die Räuber* von Schiller liest, muss Ingeborg Bachmann immer wieder Hefte und Bücher liegen lassen, um in den Bunker zu gehen. Obwohl es keine Kindheit in Reichtum war, hat Max Frisch diese frühen Jahre immerhin im Frieden erleben können. Manche Worte, zum Beispiel militärische Ausdrücke, hat er erst viel später zum ersten Mal gehört. Ingeborg Bachmann wird in Klagenfurt viel früher konfrontiert mit der Sprache des Krieges. Bachmanns Aufbruch nach Wien ist der Versuch, einen Neuanfang zu wagen. Sie lernt, das Provinzielle abzulegen, bis niemand ihr mehr ansieht, woher sie kommt. Das Divenhafte in ihrem späteren Auftreten rührt auch von der Angst, dass man ihr die provinzielle Herkunft anmerken könnte. Es ist wie bei Frisch: Verkleidet als Dandy sieht er sich endgültig fern der schweizerischen Gemütlichkeit. Klagenfurt, die Heimatstadt Bachmanns, bleibt präsent, auch wenn ihr Name nicht genannt wird: als Ort, an dem sie ihre erste Begegnung mit dem Faschismus hatte. Es ist, als habe sich Klagenfurt hineinverwandelt in einen Aspekt Wiens, seine Todesnähe nämlich, seinen Hang zum Morbiden.

Für Frisch bedeutet vor allem New York Neuanfang. Dort ist er 1951 zum ersten Mal gewesen, bevor er sich von seiner Familie trennte, dorthin kehrt er immer wieder gern zurück. In New York hat er zum ersten Mal die Luft einer freien Schriftstellerexistenz geatmet. Es ist auch die Stadt einer Klarstellung: Ich bin nicht der, für den ihr mich haltet, ich trete aus den Bildern, die ihr euch von mir gemacht habt, ich bin mir selbst noch einmal neu. Als Frisch zum ersten Mal in New York ist, begeistert ihn fast alles, die Farben, Lichter, die Wolkenkratzer, der Hudson, die Mischung aus Technik und Märchen. In New York erlebt Frisch sich als Betörten, Hingerissenen, Seligen, Ungläubigen, Verwirrten. New York fasziniert Frisch, auch wenn er sich mit den Jahren zunehmend kritisch zu Amerika äußert. Es ist, als böte keine andere Stadt für ihn in solchem Maß die Möglichkeit, etwas hinter sich zu lassen, Anfänger zu sein in allen Belangen. Der Kontrast Amerikas zum typisch Schweizerischen macht für den Schriftsteller einen großen Reiz aus. 1951, als Frisch noch als verheirateter Mann zum ersten Mal in New York ist, schreibt er an Kurt Hirschfeld, das Land sei eine Offenbarung für ihn, animiere zu allerlei Abenteuerlichem, auch in der Liebe, was er sich aber nicht erlaube, denn er müsse Sorge tragen, dass die Reihe der Niederlagen nicht ins Unendliche fortlaufe. Also wolle er sich nicht einfach »so oberflächlich durchs Land« küssen.[24] Immerhin, hier spricht ein Ehemann und Vater dreier Kinder. Amerika löst ihm die Zunge, ihm, dem Schriftsteller und dem Mann, der auf Eroberungen und Abenteuer aus ist.

Hilfreich ist in diesem Fall auch, dass er die Sprache des Landes beherrscht. Dass das Hörspiel Bachmanns, das Frisch so begeistert aufgenommen hat, in New York spielt, New York die Stadt sein kann, in der so etwas wie ein erstes Paar möglich ist, beschäftigt Frisch nachhaltig. Er ist ein Mann, der sich gern betören und verwirren lässt. Die Begegnung mit New York ist für ihn wie die Begegnung mit einer Frau: unerwartet, schillernd, rätselhaft.

Das Paar Ingeborg Bachmann und Max Frisch erlebt also auf sehr unterschiedliche Weise die Begegnungen mit verschiedenen Gegenden, Städten, Landschaften. Ist da kein Ort, keine Gegend, kein Platz in der Natur, an dem sich Bachmann und Frisch auf eine ähnliche Weise begeistern, von dem sie sich gleichermaßen inspirieren lassen?

Immer seien es Meere, Sand und Schiffe gewesen, von denen sie träumte, schreibt Bachmann 1952. Sie übersetzt die Gedichte Giuseppe Ungarettis, in denen es wimmelt von Meeren, Schifffahrt, Ausfahrt, Heimkehr, Seebären. Abgründig ist das Meer, unermesslich. Die letzte Zeile des letzten Gedichts von Ungaretti mit dem Titel »Finale«, das Bachmann übersetzt hat, erzählt davon, dass nun auch das Meer gestorben sei. Wenn das Meer stürbe, verschwinden würde, dann sei wirklich alles zu Ende. Auch in Bachmanns eigenen Gedichten sind immer wieder Bilder aus der Welt der Meere zu lesen: Inseln, Schiffe, Segelhand, der Strand, die warmen Wellen. In den *Liedern auf der Flucht* heißt es: »Innen ist deine Brust ein Meer, das mich auf den Grund zieht.«[25] Nirgendwo ist das Spiel aus Grund und Abgrund intensiver, schillernder als in der Meereswelt.

Wenn Max Frisch, der Architekt, am Zürichsee auf dem Weg zur Arbeit seine kleine Pause macht, weckt der Anblick des Sees in ihm die Sehnsucht nach dem Meer. In seinen Texten ist das Meer allgegenwärtig, schon in den ganz frühen, etwa in *Santa Cruz*. Bachmann und Frisch träumen vom Meer, schreiben über ihre Sehnsucht nach dem Meer. Jan und Jennifer aus Bachmanns Hörspiel nehmen sich ein Zimmer im obersten Stockwerk eines Hotelhochhauses: »Von dem Zimmer oben gab es eine seltsame Aussicht. Eine im Flug verlassene Welt lag unten. In einem Aug konnte man schon den Mond und im anderen noch die Sonne haben. Das Meer wölbte sich sichtbar in der Ferne und zog Schiffe und Rauch hinunter in andere Erdteile.«[26] Die Unermesslichkeit der Meere, der Zauber von Anfang und Aufbruch begeistert Frisch, macht ihm aber immer auch ein wenig Angst, weil damit jede Ordnung aus den Angeln gehoben wird. Aber er setzt sich dem Wagnis aus, er sucht das Abenteuer und er sucht es im ganzen Leben nie deutlicher als in der Beziehung zu Ingeborg Bachmann. Wie es ist, sich dem Meer auszuliefern, bei Bachmann erfährt er es. Es gibt einen einzigen Ort, an den hin sie gemeinsam aufbrechen, und das ist das Meer. In einem Prosafragment, wahrscheinlich aus dem Spätjahr 1958, schreibt Bachmann: »Jeder will nämlich weiter und aus der Dunkelheit der Orte an einen letzten hellen Ort, und manchmal zeigt es sich daran, dass ein Mann und eine Frau miteinander fort wollen und hinaus in den Wahnsinn wollen und vielleicht hinüber in den Tod.«[27] Die Nähe zum Wahn spürt Frisch, als er Bachmann begegnet. Er hat ihr Hörspiel sehr genau verstanden und ahnt, worauf er sich einlässt. Es ist gefährlich, mit einer solchen Person zusammenzuleben. »In ihrer Nähe gibt es nur sie, in ihrer Nähe beginnt der Wahn.«[28] Gefährlich ist es und schön, weil das Grenzenlose lockt, das Jenseits der Wirklichkeit, der »Wahn«, den Frisch keineswegs in der Nähe des Pathologischen ansiedelt. Dass für Frisch ein Leben mit Bachmann bedeutet, den Wahn zuzulassen, heißt also nicht, Bachmann sei in seinen Augen krank. Aber ein Mensch, der nur bei sich ist, nur die eignen Sichtweisen akzeptiert, macht es den anderen schwer, Distanz zu halten. Ingeborg Bachmann ist bestrebt, den Mann an ihrer Seite in ihre Welt hineinzuziehen. Es ist, als stürze man in einen Ozean.

In der Zwiesprache mit dem Meer als dem eigentlichen Sehnsuchtsort entsteht für Bachmann die neue Sprache, entwirft sie ihr Utopia. Schon in einem Jugendgedicht, wahrscheinlich aus den Jahren 1942/1943, schreibt sie: »Großes, herrliches Meer! / Ich weiß keinen Wunsch als diesen, / Als strömend mich zu verschütten / In die unendlichste See.«[29] Auch Frisch arbeitet an Entwürfen des Utopischen. Lebenslang träumt er davon, dass Zürich sich in eine Stadt verwandeln möge, die ihr Gesicht der Zukunft zuwendet. Wenn Zürich am Meer läge! Oder vielleicht lieber doch nicht? Vielleicht wünscht er sich ja auch das »Gässchenhafte«, den festen

Boden unter den Füßen, die Sicherheit. Das mit dem Meer: Bei Frisch ist es ein widersprüchliches Gefühl. Er würde es nicht aushalten, immer in der Nähe des Meeres zu sein, er hat auch Angst davor, verschlungen zu werden. In diesem Zwiespalt bewegt Frisch sich zeitlebens: dem Wunsch, sich in Welle und Brandung zu werfen, und der Furcht, darin unterzugehen. In *Mein Name sei Gantenbein* wird ein Traum geschildert, in dem der Protagonist schwimmt und plötzlich überrollt wird von den Wogen, sich davor fürchtet zu ertrinken. Eine Zeit lang ist da die große Angst, das Bewusstsein zu verlieren, zu sterben. Aber dann, zurück am Ufer, ölt er sich schnell ein, tut so, als wäre nichts geschehen. Dabei ist viel geschehen. Er ist noch einmal heil davongekommen. Max Frisch hat sich in die Liebesbeziehung mit Ingeborg Bachmann hineingeworfen, aber nun in Rom im Jahr 1960 wächst seine Angst, irgendwann in den Wellen unterzugehen und aus dieser Geschichte nicht heil herauszukommen.

Die Sehnsucht nach dem Meer, und doch: Jetzt leben Ingeborg Bachmann und Max Frisch in einer bestimmten Stadt, Rom, in einem bestimmten Haus in einer bestimmten Straße, Via Giulia 102. Es gibt ein Foto, von Max Frisch aufgenommen: Da steht Ingeborg Bachmann vor einem Plattenspieler, die Augen niedergeschlagen, eine Platte in der Hand, leicht und in einer Art seliger Ruhe vor sich hin lächelnd, neben ihr eine windschiefe Tischlampe. Eine Szene, die Zufriedenheit ausstrahlt. Als sei das Mondäne etwas für die Straße, die Öffentlichkeit, die Blicke der anderen.

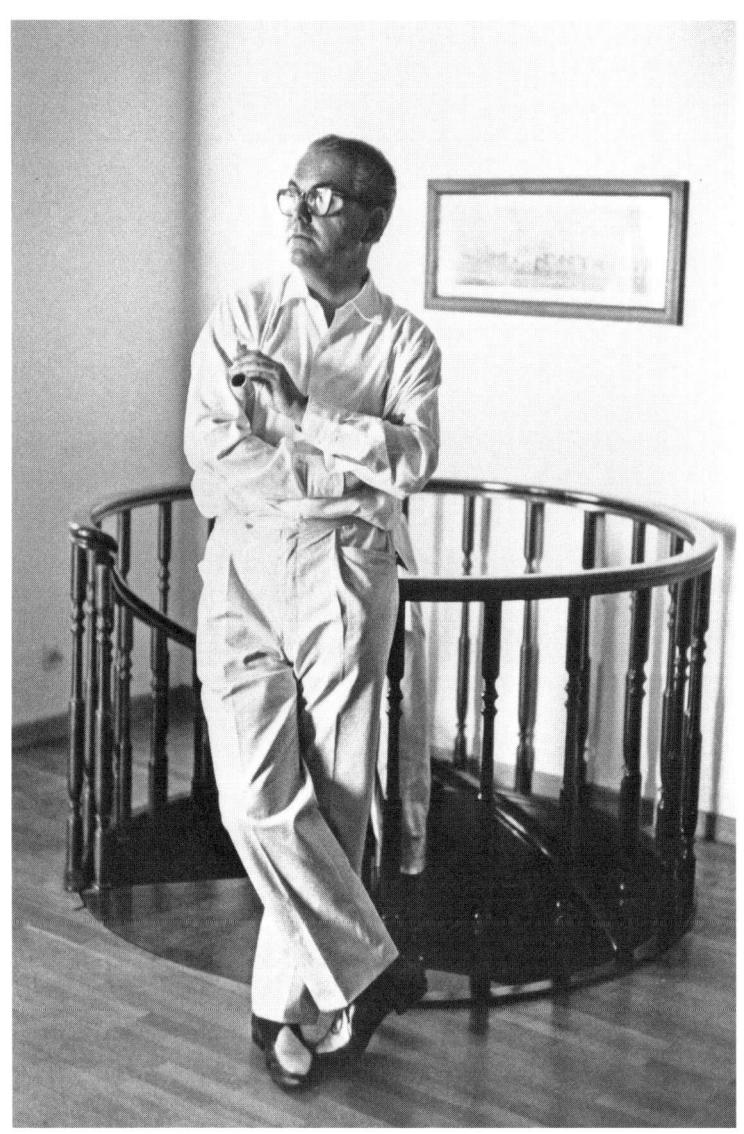

Poesie und Theatralik

Die Callas – ja, wann hat sie gelebt, wann wird sie sterben? – ist groß, ist ein Mensch, ist unvertraut in einer Welt der Mediokrität und der Perfektion.[1]

Rom 1961

Unter sprudelnden römischen Brunnen spricht Max Frisch in eine Fernsehkamera und erzählt, er lebe in Rom, der »herrlichsten Stadt der Welt«, und dies sei eine »sehr glückliche Situation«.[2] In dieser herrlichsten Stadt wollen Ingeborg Bachmann und Max Frisch im Frühjahr 1961, nachdem sie gemeinsam anlässlich Frischs fünfzigstem Geburtstag eine Griechenlandreise gemacht haben, umziehen und sind auf der Suche nach der herrlichsten Wohnung. Sie treffen sich mit einem Makler, der die Wohnung einer Baronessa im Angebot hat, die beiden illustren Persönlichkeiten genau betrachtet und anmerkt, die Baronessa könne ihnen vielleicht doch einen amerikanischen Botschafter vorziehen. Ingeborg Bachmann reagiert bestürzt, als sei eine solche Vorstellung ganz und gar nicht im Bereich des Möglichen, dann blickt sie den Makler entgeistert an und sagt zu ihm, er müsse wissen, sie seien Schriftsteller, »siamo scrittori«[3]. Ein Zauberwort, gesprochen von einer Prinzessin in ihrem ganzen Glanz, und bitte sehr, wer könnte einem solch glänzenden Zauberwesen einen Wunsch abschlagen? Die große theatralische Geste, hier ist sie, in der Form einer einerseits gespielten, aber andererseits ebenso echten Bestürzung. Und das wirkt auch auf einen römischen Immobilienmakler offenbar überzeugend, bühnenreif. Als gebe es nichts Spektakuläreres als zwei Schriftsteller, die auf der Suche nach einer gemeinsamen Wohnung sind, als sei es sonnenklar, dass bei ihrem Auftreten alle anderen Bewerber notwendig in die zweite Reihe zu treten hätten.

Ingeborg Bachmann, eine Diva der Dichtkunst: Auch das ist eine Rolle, aber eine, in die man sie nicht nur gezwungen, sondern die sie sich auch selbst zugesprochen hat. Es gefällt Max Frisch, dem Theaterbegeisterten, dass er es mit einer Dichterin zu tun hat, die sich bewegt, als sei das Theater, die Bühne ihre Heimat, was großartige Gebärden und sprechende Gesten nahelegen. Eine Kunstfigur, die höchst lebendig ist, mit Zeichen des Lebendigen nur so um sich wirft, in vulkanischer Manier Feuer spuckt. Sie erregt Aufsehen, wo immer sie auftritt, in den Straßen, in den Cafés, den Restaurants. Der Schriftsteller Hermann Burger beschreibt ihr Äußeres bei einem Treffen in Rom: »hellblauer Rollkragenpulli, weiße, reich bestickte, fast glitzernde, eng anliegende Hosen. Halb Zirkusartistin, halb Mannweib.«[4] Bachmann hat genug Glanz, um auch den Mann an ihrer Seite auszustatten mit einem besonderen Flair. So festlich gestimmt wie mit Bachmann in Rom wirkt Frisch nie wieder, keine andere Frau vermag es, ihn derart mit Glanz zu überschütten. Er übernimmt seinen Part im Doppelrollenspiel, das Bachmann erfunden hat. Ihm ist es fast ein wenig zu viel, aber er genießt es auch.

Die Dichterin Ingeborg Bachmann ist kein Aschenputtel, kein graues Mäuschen, das in einem Kellerloch haust, im Schreiben alles andere vergisst, sondern sich dessen bewusst bleibt, dass das Leben inszeniert werden will, und wenn das schon gefordert wird, warum soll man dann nicht den Part der Königstochter übernehmen. Der Prinz Max an ihrer Seite hat seine Freude an diesem Rollenspiel, auch wenn die Königstochter dauerhaft auf ihre Freiheit pocht. Sie erobert sich diese Freiheit immer neu, verteidigt sie und provoziert Eifersucht, natürlich. Aber das gehört zum Spiel. Frisch hat sich dafür entschieden. Rom bietet die große Bühne für den gemeinsamen Auftritt. Das Rom, das sie durchstreifen, in dem sie gemeinsam wohnen, ist nicht das Rom von jedermann, nicht das Rom der Touristen. Es ist vor allem ihr, Ingeborg Bachmanns Rom, und Max Frisch ist der Mann, der mit ihr durch ihre Stadt geht, eine neue gemeinsame Wohnung sucht.

Das Dichterprinzenpaar bekommt die Wohnung, Via de Notaris 1F, auf einem Hügel über der Stadt, gegenüber der Villa Borghese, zweistöckig, edel ausgestattet, Terrasse mit Blick auf Rom. Das Hausmädchen mit weißer Spitzhaube, das den aristokratischen Vormietern gedient hat, wird übernommen. Ob das so ganz passt zu Max Frisch? Es passt auf jeden Fall zu der Rolle, die er in Rom spielt. Denn Max Frisch ist und bleibt in vielerlei Hinsicht, auch im alltäglichen Leben, ein Theatermensch. Auch in den Lebensphasen ohne Ingeborg Bachmann hat er ja etwas Theatralisches, wenn es vielleicht auch nicht ganz so ausgeprägt und in die Augen springend ist wie bei Bachmann. So »spielt« er zum Beispiel in New York oder Chicago den lockeren Amerikaner, passt sich in Kleidung und Haltung an, so wie er in seiner Schweizer Heimat auch den Gipfelstürmer oder im Zusammensitzen mit Freunden und Kollegen den Pfeifenraucher perfekt verkörpert. Trotzdem: Frisch schafft es nicht, sich als Kunstfigur derart vollkommen zu inszenieren wie Bachmann. Seine Theatralik weist deutlichere Elemente des Natürlichen auf als die Bachmanns. Max Frisch ist ein Übertreiber, aber er ironisiert seine Übertreiberei auch immer wieder. Dieser Frisch ist eigentlich ein ganz natürlicher Kerl, der in seiner Natürlichkeit gefallen will, Nähe herzustellen bestrebt ist. Deshalb wirkt seine römische Aufmachung ein wenig gekünstelt, unecht. Und doch will er vielleicht auch sagen: Schaut her, wieder einmal glaubt ihr, mich zu kennen. Aber ich bin wieder ein anderer. Ich kann jederzeit ein anderer sein. Auf der Bühne Rom spielt er eben den Mondänen neben einer Diva.

Eine derartige Präsenz fordert die Neugierde der Öffentlichkeit natürlich doppelt heraus. Diese Neugierde, die sich schon lange insbesondere auf Ingeborg Bachmann richtet. Spätestens seit ihrem ersten Auftreten bei der Gruppe 47 im Jahr 1952 gilt Ingeborg Bachmann, für ein breites Leserpublikum »die Bachmann«, in den Augen einer großen Schar von Literaturkennern als eine Diva der Dichtkunst. Wenn man bedenkt, dass Bachmann in einer Zeit lebt, in der die bildschaffenden Medien noch längst nicht so präsent sind wie heute, ist es erstaunlich, wie viele Fotos es von der Dichterin gibt. Ja, Bachmann ist die meistfotografierte Dichterin ihrer Zeit. Dabei wird das »Divenhafte« durchaus unterschiedlich interpretiert, vor allem von der intellektuellen Männerwelt um Bachmann. Reinhard Baumgart berichtet, Bachmann lasse in Gesellschaft immer etwas fallen und warte, dass ein Herr oder mehrere Herren heranstürzen, um aufzuheben, was auf dem Boden liegt. Bachmann also spiele die hypersensible, schusslige Künstlerin und inszeniere sich als solche perfekt, um eine Art Macht über die Männer zu bekommen. Er, Baumgart, aber habe dies durchschaut und so einen unverkrampfteren Umgang mit Bachmann herstellen können. Er deckt seiner Meinung nach ihre Maskerade auf. Der Literaturwissenschaftler Hans Mayer wartet mit einer anderen Deutung auf: Bachmann inszeniere sich so perfekt, weil sie perfekt sei, und mit ihrer Inszenierungskunst drücke sie nichts anderes aus als sich selbst.[5] Unterschiedliche Sichtweisen auf ein und dasselbe Phänomen. Und immer geht es um die Frage: Wer ist sie denn wirklich, diese Ingeborg Bachmann? Was zeigt sie, was versteckt sie? Inszeniert sie sich oder das, was man von ihr sehen will, und ist eigentlich eine ganz andere? Es gibt unzählige Fotos, auf denen Bachmann im Kreis von Männern zu sehen ist. Es gibt Fotos von Lesungen, wo sie schüchtern aufs Blatt Papier blickt und sich am Schreibpult festhält. Auf dem Cover des *Spiegel* vom 18. August 1954 zeigt sich hingegen eine selbstbewusste, fast hochmütig dreinschauende Bachmann ohne ein Lächeln auf den stark geschminkten Lippen. Das Foto strahlt Härte aus, Verschlossenheit, sogar ein Stück weit etwas Aggressives. Bilder? Widersprüchliche Ansichten? Und wo wäre die Wahrheit der Person zu suchen?

1956 hört Ingeborg Bachmann zum ersten Mal Maria Callas als Traviata an der Mailänder Scala. Nach dem Besuch der Generalprobe ist die Dichterin hingerissen von der Darstellungskunst der Primadonna. »... sie war immer die Kunst, ach die Kunst, und sie war immer ein Mensch, immer die Ärmste, die Heimgesuchteste, die Traviata.«[6] Gleichzeitig aber verkörpert Maria Callas für Bachmann »das letzte Märchen«. Kunst, Kreatur, Märchen: Mehr kann ein einzelner Mensch nicht sein.

Maria Callas ist eine Berühmtheit, ein Star, geniale Sängerin und Darstellerin. Auf manchen Fotos wirkt auch Ingeborg Bachmann wie ein Star. In Kleidung und Haltung strahlt sie eine Entrücktheit aus, eine Unantastbarkeit, eine Fragilität, als sei sie nicht von dieser Welt. Aber selbst in solchen Momenten durchkreuzt sie ihr Erscheinungsbild häufig durch eine Geste, einen Blick, ein Lächeln. Und man hat eine nachdenkliche, eine rauchende oder gerade die Zigarette anzündende, eine dem Gegenüber zugewandte Grande Dame vor sich. In ihrem Auftreten ironisiert sie all das, was von ihr als einer Göttin der Dichtkunst erwartet wird. Sie streicht durch, was bereits feststeht, lächelt es hinweg, zeigt ein plötzliches Staunen, reagiert intensiv auf ihren Gesprächspartner, hält sich einerseits in der Rolle eines Stars, trägt eine Pelzstola, eine eng um den Hals gelegte Perlenkette, wirkt streng, steht oder sitzt hoch erhobenen Hauptes, als blicke sie über alle und alles hinweg, und dann entlarvt vielleicht die Handhaltung den Kunstcharakter des Königinnenhaften und lässt etwas von der Person sichtbar werden. Ein Star, eine Königin, eine Göttin will angeschaut werden, und die Menschen haben ihrerseits den Wunsch, anzuschauen. Blickt die Königin aber zurück, dann ist da auf einmal etwas Verwirrendes, die Schauenden möchten nicht selbst auch angeschaut werden, sondern verharren lieber in ehrfürchtiger Bewunderung. Ingeborg Bachmann aber lässt es sich nicht nehmen und schaut meistens zurück, auch wenn sie scheinbar ganz und gar den Star gibt. Niemals geht sie völlig auf in der Rolle der Angeschauten.

Maria Callas selbst hat darauf hingewiesen, dass es zwei Wesen in ihr gebe, Maria und Callas. Maria sei in ihrer Arbeit immer dabei, beide gehörten zusammen. Callas aber sei vor allem eine Berühmtheit. Auch in Ingeborg Bachmann gibt es zwei Wesen: Ingeborg und Bachmann. Max Frisch erlebt beide Seiten.

Ingeborg Bachmann ist in diesem Jahr 1961 oft für Wochen unterwegs, Frisch bleibt allein in Rom zurück. Bachmann macht vom 10. Februar bis zum 16. März eine ausgedehnte Lesereise mit Stationen in Düsseldorf, Göttingen, Braunschweig, Dortmund, Darmstadt, Hamburg und weiteren Städten. Im Juni erscheint *Das dreißigste Jahr* bei Piper, außerdem kommen Bachmanns Übertragungen der Gedichte Giuseppe Ungarettis ins Deutsche heraus. Auch aus diesen Werken liest sie, zum Beispiel in Zürich. Manchmal macht Frisch das Warten ins Unbestimmte hinein fast wahnsinnig. Einmal, als sie sich angekündigt hat, fährt er ihr entgegen, hält an einer übersichtlichen Kurve. Und dann erkennt sie ihn nicht einmal, reagiert nicht auf sein Hupen, fährt vorbei. Er lauscht ins Nebenzimmer, wenn sie telefoniert. Ihr Lachen am Telefon irritiert ihn, er fragt sich, wer es ist, der sie zum Lachen bringt. Er hört, wie sie davon erzählt, dass sie nach London fahre. Aber sie verschweigt, dass sie mit ihm, Max Frisch, dorthin reisen wird und dass der Anlass die Aufführung eines seiner Stücke ist: *Biedermann und die Brandstifter*. Niemals gibt sie nach außen Zeichen, dass Frisch und sie ein Paar sind. So gibt es kein einziges Foto, auf dem Frisch und Bachmann zusammen zu sehen sind. Das ist ein ganz und gar verrücktes Detail. Bachmann hat schließlich kein Problem damit, sich mit Männern zusammen ablichten zu lassen. Es gibt Fotos, auf denen sie mit Henze zu sehen ist, Fotos von ihr und Celan.

Ingeborg Bachmann lebt viele Leben gleichzeitig, und sie möchte nicht, dass ein Leben vom anderen weiß. Oft hilft nur der Wein, und dann findet sich Frisch auf der Terrasse in seinem eigenen Erbrochenen liegend vor. Er leidet nicht stumm, er brüllt, er wehrt sich, er randaliert und bleibt doch in ihrer Nähe. Denn er liebt diese rätselhafte schillernde Person. Er liebt Ingeborg, und er liebt die Bachmann.

Manchmal ist sie so unnahbar, dass er es kaum aushält. Aber dann zeigt sie scheinbar ohne Übergang ihre Ängste, Unsicherheiten, ist verletzlich, sucht Schutz. Sie schmückt die Wohnung mit Frischs Lieblingsblumen, sie kauft sich ein Kleid, um ihm zu gefallen. Das sind scheinbar Kleinigkeiten, aber für eine wie Ingeborg Bachmann ist es weit mehr. Hier fallen ihre Masken, hier ist sie nicht anders als irgendeine andere Frau. In der gemeinsamen Wohnung sitzt eine Ingeborg, die nicht nur Arien von Callas hört, sondern eine Liebhaberin neapolitanischer Volkslieder ist. Ihr Lieblingssänger ist Roberto Murolo. Murolo begleitet sich selbst auf der Gitarre. Er singt nicht von einer großen Bühne herab für ein großes Publikum, da ist nichts Theatralisches, vielmehr hört es sich an, als sänge Murolo nur für sich, ins eigene Innere hinein. In diesen einfachen Liedern ist die Rede vom Frühling, von Liebe und Abschiedsschmerz. Aber nie wird man Zeuge großer Liebes- und Abschiedsdramen, immer hat man den Eindruck, es sei eben so leise und zart, wie es sich anhört, Liebe und Liebesleid gehören zum Leben wie Frühling und Herbst. Keine dramatischen Gefühlsäußerungen, nichts Herzzerreißendes, eine leise Sehnsucht, eine kleine Traurigkeit, Freude an den Jahreszeiten, den Festen im Dorf, ein Zwiegespräch mit sich, keineswegs harmlos, aber eben auch nicht zerstörerisch. Als singe das Leben selbst vor sich hin. Hier in der Liebe zu diesen neapolitanischen Liedern zeigt sich Ingeborg ohne die Bachmann, offenbart sich auch ihre Sehnsucht nach dem unspektakulär Alltäglichen.

Ihre Begeisterung für verschiedene musikalische Richtungen kann Bachmann mit Frisch nicht teilen. Er ist kein Musikfachmann, kein leidenschaftlicher Musikhörer, auch wenn es ihm nicht an Musikalität fehlt. Frisch ist ein Schriftsteller mit sehr viel Gespür für Musikalisches, vor allem für Rhythmisches. Sieht Ingeborg Bachmann den musikalischen Poeten in Frisch überhaupt nicht? Schon in seinen frühen, für die *NZZ* geschriebenen Artikeln, gibt es berückende Bilder poetischer Musikalität. Nicht umsonst kannte Frisch Gedichte Bachmanns, bevor er sie selbst kennenlernte.

Und vielleicht erkennen sie einander ja doch, an der verborgenen Musik. Vielleicht gibt es Momente des Innehaltens, des Einander-Hörens, Momente, in denen der Rhythmus stimmt. Ahnungen, Mutmaßungen, mehr nicht. Dass dies Leben in Rom sich in einer mondänen Wohnung eingerichtet hat zwischen Theatralik und Poesie, zwischen dem Aufwachen im eigenen Erbrochenen und dem Dasitzen auf dem Balkon mit nichts als einer großen Sehnsucht im Inneren. Zwischen eifersüchtigem Furor und dem leisen Wissen, geliebt zu werden. Zwischen diven- und dandyhaften Auftritten und dem Ablegen dieser Masken. Zwischen der großen Oper und dem neapolitanischen Volkslied.

So erscheint es möglich, dass Ingeborg Bachmann und Max Frisch einander am Ton erkennen, der in ihren Texten hörbar wird, an der eingeschriebenen Musik, an der Begabung zum Lyrischen. Bei Bachmann steht im Vordergrund die Beschwörung, die Stimme, bei Frisch ist es das Beschworene, das heraustritt aus dem Dunkel: Dinge, Natur, eine Stadt. Diese Art von Gleichklang könnte in dieser Liebesgeschichte ihren Platz haben. Es ist nichts, was in der Öffentlichkeit sichtbar wird. Es gehört in die Intimität der beiden Personen und wirkt doch nach außen, über ihre Texte.

Draußen, in den Straßen Roms, spielt sich eine Seite des Lebens von Bachmann und Frisch ab. Dort sind sie das glänzende Paar. Auf Spaziergängen durch Rom hat Frisch eine Diva der Dichtkunst neben sich, die ihre Divenrolle voll ausspielt. Und er, Frisch, spielt etwas weniger perfekt die Rolle ihres Begleiters. Während Bachmann die Diva eben auch wirklich ist, ist Frischs

Rolle eine spielerische. Er probiert sich aus. So wie er im Theater die Proben viel lieber mag als die endgültige Aufführung, so liebt er das Experiment Max Frisch und nicht einen endgültigen durchinszenierten Menschen Frisch.

Sie kreisen um einander, im Leben und in der Arbeit. Sie dramatisieren, sie spielen ihre Rollen. Sie streiten, verletzen einander, trumpfen auf mit gewaltigem Pathos, mit großartigen Worten und Gesten. Beide inszenieren sich in verschiedene Rollen hinein, sind ihre eigenen Regisseure in selbst erfundenen Stücken, die sich schließlich als erschütternd real enthüllen. Und sie träumen davon, sich zu begegnen wie in einem Gedicht, Worte zu sprechen, die vergessen machen, was die Stunde geschlagen hat. Könnte das Zusammenleben nicht sein wie in einem italienischen Volkslied, ungestört durch das Draußen, fernab der großen Welt, in sich ruhend und geborgen? Wenn man nicht wäre, wie man nun einmal ist, innerlich zerrissen, gespalten in Gefühl und Verstand, ein Wesen, das immer auf der Suche ist, nie findet, immer sich sehnt nach der Ferne, nie ankommt für immer. Man bleibt gekettet an die Bühne, die die Welt ist, und niemand entkommt den Rollen, die das Leben selbst anzubieten hat. Und es macht ja auch Freude, dies Spiel, solange man es einigermaßen durchschaut und Herr ist über die Maskeraden seines Ichs. Angreifbar ist man in den Momenten der Schwäche. Dann nämlich kann es sein, dass man einander fast zum Mörder wird.

Erfahrungssucht und wortgetreues Leben

Ich bin auf Erfahrungen angewiesen, die mich begrifflich hilflos machen und von daher narrativ. Und was sich nicht umsetzt ins Anschauliche, bleibt bei meiner Anlage immer uneigen.[1]

Rom 1961

Am Horizont gewinnt eine Möglichkeit immer deutlicher Gestalt: dass diese große Liebe scheitern, der Versuch des gemeinsamen Lebens in einer Katastrophe enden könnte. Denn das hochsensible Zentrum, um das die Stunden und Tage und mit ihnen das Paar Ingeborg Bachmann und Max Frisch kreisen, bildet die diffizile Beziehung zwischen der Arbeit, in diesem Fall dem Schreiben, und dem Leben. Überspitzt und allgemeiner ausgedrückt, geht es um die Frage, was eigentlich zuerst da ist bei Ingeborg Bachmann und Max Frisch: die Erfahrung oder der Satz? Die Realität oder die Erfindung? Jeder schreibende Mensch hat sich mit dieser Problematik zu konfrontieren, in unterschiedlicher Radikalität. Leben Schriftsteller, um zu schreiben, oder schreiben sie, um dann lebend ihren eigenen literarischen Entwurf einzuholen? Inwieweit überhaupt gibt es so etwas wie pure Erfahrung, und wo setzt das Erfinden ein?

Betrachtet man die Beziehung zwischen Ingeborg

Bachmann und Max Frisch, dann erscheint irgendwann nichts zwingender, als sich dem Rätsel des Zusammenspiels von Leben und Schreiben zu stellen. Die Liebesbeziehung zwischen Ingeborg Bachmann und Max Frisch als rein private Beziehung isoliert betrachten zu wollen führt zwangsläufig in die Leere. Alles, was dieses Paar betrifft, hat ursprünglich zu tun mit ihrer Arbeit. Nie lassen sich die Personen Frisch und Bachmann abtrennen von ihrem Schreiben. Und nicht zuletzt ist gerade das Verhältnis von Leben und Schreiben, diese spannungsgeladene Atmosphäre eines besonderen »Dazwischen« eine Kraft, die mitschreibt auch am intimen Erzählstrang dieser Liebesgeschichte.

Max Frisch wird von seiner Tochter Ursula Priess als schamhaft geschildert, denn er habe ihr zwar die ganze Wohnung gezeigt, nicht aber das Schlafzimmer. Ursula Priess wundert sich, denn es sei doch klar gewesen für sie, dass sie es bei Bachmann und ihrem Vater mit einem Liebespaar zu tun hatte. Max Frisch schreibt aber ja doch sehr viel über die Liebe, über sein Leben als Mann, er spart Intimes nicht aus, spricht beispielsweise über Impotenz, ohne sich zu schämen. Vielleicht geschieht es aus Rücksichtnahme Ingeborg Bachmann gegenüber, die die Bereiche des Privaten und des Öffentlichen strikt trennt und nichts so sehr hasst wie Indiskretion. »Obwohl es einmal alle wußten, aber da es heute keiner mehr weiß, warum es heimlich zu geschehen hat, warum ich die Tür schließe, den Vorhang fallen lasse, warum ich allein vor Ivan trete, werde ich einen Grund dafür verraten. Ich will es so, nicht um uns zu verbergen, sondern um ein Tabu wiederherzustellen.«[2] Was

Ingeborg Bachmann hier in ihrem Roman *Malina* erzählt, gilt für sie selbst gleichermaßen.

Je komplexer eine Erfahrung ist, desto dichter, desto vielschichtiger sind die Werke, die sich damit auseinandersetzen, die Wirklichkeit des Erlebten neu erfinden. Das gilt auf jeden Fall für Max Frisch. Gleichzeitig ist er aber auch überzeugt davon, dass wir Menschen alle, auch die Nicht-Schriftsteller, immerzu Rollen spielen, dass wir also schon im Leben unsere Geschichten erfinden. Das Ich eines jeden Menschen ist jederzeit auch eine Rolle oder mehrere Rollen. Und so drückt der Schriftsteller lediglich in extremer Weise etwas zugespitzt aus, was zu unser aller Alltag gehört.

Die Erfahrung will sich lesbar machen als zumindest teilweise Erfindung, und so entsteht Fiktion. Für den Schriftsteller ist es ein Muss, ein Drang, dem er nur schreibend nachgeben kann. Max Frisch hat eine reiche Vorstellungskraft. Er taumelt nicht bewusstlos in seine Erfahrungen hinein, sondern stellt sich vor, was alles passieren könnte. Nicht alles, was er sich vorstellen kann, möchte er auch wirklich erleben. Manche Erfahrung möchte er einem anderen Ich übergeben und sein eigenes Ich entlasten. Immer ist da die Frage, wer eigentlich spricht in einem Text und ob es jemanden gibt, der die Figuren leitet, auswählt, was erzählt werden soll.

Der Autor, der sich sein Leben erzählt, geht auch erfinderisch um mit den Leben der anderen Menschen, die ihm begegnen, die er kennt, die ihm etwas bedeuten oder mit denen er nur zufällig zu tun hat. Aber nicht nur die Schriftsteller, auch wir machen uns Bilder vom anderen und müssen achtgeben, dass keine Erstarrung in ein Bild hinein stattfindet. Frisch ist sich klar darüber, dass die Frauen, mit denen er lebt, die er liebt, von ihm erfunden werden, dass er nicht nur der realen Person, sondern auch dem Bild gegenübertritt, das er entworfen hat, von der ersten Begegnung an und manchmal bereits vor der ersten Begegnung. Bei Ingeborg Bachmann ist das schwieriger als bei anderen Frauen, weil sie wie Frisch selbst Schriftstellerin ist, und das heißt, intensiver als andere Menschen sich selbst entwirft. Und: Nicht alle Schriftsteller haben ein solch großes Talent zur Inszenierung des Selbst wie Bachmann. Dieser Frau kann Frisch so viele Mäntel der Erfindung überwerfen, wie er will, sie trägt darunter einen Berg an Kostümen, die der Mantel nicht verdecken kann, die durchschimmern, sich aber niemals ganz zu erkennen geben. Jede seiner Erfindungen greift in diesem Fall zu kurz. Es geht nicht lange, bis er das einsieht, aber er macht trotzdem weiter. Zu spannend ist dies Spiel aus Wirklichkeit und Phantasie. Wunderbar schillernd ist die Frau, die er erfindet und die doch jede seiner Erfindungen durch ihre überwältigende Erscheinung und den Reichtum an überraschenden Reaktionen überbietet. Das erfährt Frisch nun in der Via de Notaris besonders intensiv. Wie Ingeborg Bachmann genau arbeitet, kann Max Frisch nicht wissen. Trotz der relativ langen Zeit, in der das Paar eng zusammenwohnt, bleibt das in alle Richtungen wirkende Zentrum in Bachmanns Leben, ihre schriftstellerische Arbeit, so gut wie verborgen. Auch wenn zwei Schriftsteller zusammenleben, ist es nicht zwangsläufig, dass sie einander über die Schulter schauen bei der Arbeit.

Die Liebe als »Thema« ist in den Werken Bachmanns und Frischs von Anfang an präsent. Ingeborg Bachmann entwirft, vor allem in ihrer Lyrik, das Bild einer Liebe, die im realen Beziehungsalltag nicht lebbar ist. Die Sprache des Gedichts vermag etwas zu zeigen, das sich nicht erklären, das sich schwer festmachen lässt an den konkreten Erfahrungen konkreter Menschen. Vorbilder für diese Liebesutopie findet Ingeborg Bachmann vor allem in den Gedichten der Gaspara Stampa, die an einen Grafen Sowieso gerichtet seien, der sie offenbar sehr rasch verlassen hat.

Immer und immer wieder ist es nicht das Glück real gelebter Liebe, sondern die Unmöglichkeit, das Kunstwerk Liebe zu leben, was Ingeborg Bachmann in ihrem Werk evoziert. Aber auch diese Dichterin der Liebesunmöglichkeit ist auf der Suche nach dem idealen Geliebten. Für Bachmann ist es die Sprache des Gedichts, der Erzählung, des Romans, des Hörspiels, die vorsagt, was sich zutragen wird. Es verhält sich nicht wie bei Frisch, der zuerst einmal Erfahrungen machen muss, um überhaupt schreiben zu können. Bachmann hat ihre Geschichten längst erfunden und begibt sich auf die Suche nach möglichen Erfahrungen, die dem bereits Vorentworfenen eine Art Authentizität nachtragen könnten. Bachmann, die Leserin und Denkerin, die Wissensdurstige, in vielen Bereichen Gebildete, sie braucht Stoff, hautnahes Erleben, um Glaubhaftigkeit zu erzeugen. In der Absolutheit mancher Aussagen schafft Bachmann eine Wirklichkeit, die etwas Abstraktes hat, von sehr allgemeinem Charakter ist. Als Beispiel mag ein in den Jahren 1948/1949 entstandenes Gedicht dienen:

Es könnte viel bedeuten: wir vergehen
wir kommen ungefragt und müssen weichen.
Doch dass wir sprechen und uns nicht verstehen
und keinen Augenblick des andern Hand erreichen,

zerschlägt so viel: wir werden nicht bestehen.
Schon den Versuch bedrohen fremde Zeichen,
und das Verlangen, tief uns anzusehen,
durchtrennt ein Kreuz, uns einsam auszustreichen.[3]

Sehr hochtrabend für eine so junge Frau, könnte man sagen. Wie überhaupt kann sie bereits in diesem jugendlichen Alter solch weitreichende Erfahrungen gemacht haben? Wie kann eine junge Frau derart einsam sein? Es ist eine Mischung aus Gelesenem, Erlebtem, Gedachtem, Gehörtem, was sie bewegt und was sie dichterisch verarbeitet. Das Ergebnis hört sich an wie die Verkündigung letzter Weisheiten, die nicht zu hinterfragen sind. Ingeborg Bachmann gibt an, Robert Musil habe zu ihren ersten Leseerfahrungen gehört. Musil, der Möglichkeits-Schriftsteller, der Verwerfer jeder Art festgefügter Wirklichkeit. Musil, der Dichter des »anderen Zustands«. Worte und Sätze in den Büchern weiterer Autoren faszinieren Bachmann. Sie gehen in ihr Werk ein, ununterscheidbar. Es gebe für sie keine Zitate, sondern die wenigen Stellen in der Literatur, die sie immer aufgeregt haben, und die seien für sie das Leben. Sie zitiere nicht einfach Sätze, es gehe ihr weit eher darum, zu zeigen, dass manche dieser Sätze einen erregen könnten wie das Leben selbst. Und so wird ununterscheidbar, was Fiktion ist, was Realität, wo wirklich geliebt wird und wo dem künstlerischen Entwurf von Liebe ein Stück real gelebter Liebe nachgetragen wird. Der Geliebte aber bleibt zurück, erkennt sich nicht wieder in diesem Spiel, vermisst die Aufmerksamkeit seiner individuellen Gestalt, der tatsächlichen Person gegenüber.

Leben und Schreiben: Ingeborg Bachmann hatte nicht die Wahl. Sie musste sich nicht entscheiden, ob sie den einen oder anderen Beruf wählen sollte. Zwar hat sie zunächst komponiert, aber sie merkte sehr schnell, dass das Talent nicht reichte. Die Lust am Komponieren hat sie in ihr Schreiben hinübergerettet: Alle ihre Werke sind streng komponiert, und die intertextuellen Bezüge zu diversen Komponisten wie Mahler, Schönberg, Beethoven, Wagner und zu bestimmten Musikstücken sind vielfältig.

Bei Frisch gab es Unsicherheiten in der Berufswahl. Er war lange Zeit unschlüssig, für welche Existenzform er sich entscheiden sollte, die des Architekten oder die des Schriftstellers. Er hatte unter dem Reißbrett Zettel, auf die er Notizen schrieb. Und er hat seine architektonischen Projekte mit viel Intelligenz, spielerischer Experimentierfreude und Liebe zum Detail geplant. Er hatte einen ordentlichen, bürgerlichen Beruf und hat geheiratet, eine Familie gegründet, drei Kinder bekommen. Auch wenn es da ein Zimmer gab unter dem Dach, eine Schreibmansarde, in der er ungestört seinen schriftstellerischen Entwürfen nachhängen konnte: Eine fünfköpfige Familie hat man nicht einfach so, das bricht nicht über einen herein, das muss man auf irgendeine Art wollen. Diese Lebensweise fordert zumindest ansatzweise einen Sinn fürs Praktische, für Strategien der Alltagsbewältigung, für eine eher bürgerliche Lebensform. Und gerade der Bürger in Frisch erfindet die Frau, die er liebt, so wie es Bürger immer getan haben.

In Frischs Erfindungsreichtum liegt eine Großspurigkeit, die nicht ganz echt ist, denn er will Erfahrungen machen, will wissen, wie es sich wirklich verhält mit den Männern und den Frauen. Aber sobald ihn die Ahnung überkommt, die Wirklichkeit könne sein Fassungsvermögen übersteigen, dann erfindet er die Frau lieber. Hier ist Frisch gar nicht so besonders, sondern sehr normal. In seiner Ehe mit Gertrud von Meyenburg hat sich Frisch ein gemütliches Heim geschaffen. Wer in der Küche steht, ist von vornherein geklärt. Frischs Ehefrau hat sich entsprechend dem Bild verhalten, das er von ihr entworfen hat.

Wie hart der Alltag sein kann, weiß Max Frisch. Mit seiner Mutter ist er als Kind in den Wald gegangen, Kräuter pflücken, Eicheln sammeln. Nicht aus Vergnügen, sondern weil die Familie Zeiten erlebte, in denen das Geld äußerst knapp war. Indem er Gertrud von Meyenburg heiratete, hat er einen gesellschaftlichen Aufstieg erlebt, aber mit weniger Alltäglichkeit war sein Leben damit nicht befrachtet, im Gegenteil. Durch die Geburt der Kinder kam eine neue Verantwortungsebene hinzu. Diese Rolle hat er ein paar Jahre ausgefüllt.

Ingeborg Bachmann hingegen lebte von Kindheit an weniger mit den Menschen ihrer Umgebung als in Büchern und in der Musik. Sie wollte schon als junges Mädchen alles andere als »normal« sein und bemühte sich nicht darum, von den anderen verstanden zu werden. Sie erbaute sich ihre eigene Welt, galt als eine Art Exotin und lebte danach. Und bevor sie mit dem Studium begann, bei Kriegsende, schrieb sie in ihr Tagebuch, sie habe sich einen Sessel in den Garten gestellt, um zu lesen. Sie habe sich fest vorgenommen weiterzulesen, sogar wenn die Bomben kommen sollten. Ihre Lektüre: *Das Stundenbuch* von Rilke und Gedichte von Baudelaire. Wie »in einer Viehherde«[4] unterzugehen wäre für sie das Schlimmste. Als Bachmann 1945 den britischen Besatzungssoldaten Jack Hamesh, einen Wiener Juden, dem 1938 die Emigration gelang, kennenlernte, sich mit ihm befreundete, waren es vor allem die Gespräche über Literatur, die sie begeisterten. Thomas Mann, Hofmannsthal, Schnitzler, Stefan Zweig heißen die Autoren, um die es vorwiegend ging. Sie eckte an mit dieser Beziehung, die Verwandtschaft tratschte, und ihre Mutter hatte kein Verständnis dafür, dass ihre Tochter sich so gut verstand mit »dem Juden«[5]. Dass Hamesh ihr die Hand küsste, das war für sie ein Vorgeschmack auf Wien, auf die große Welt, in der es nicht eng und spießig zuging wie in der Heimat. Ingeborg Bachmann träumte vom Aufbruch in eine Welt, in der es selbstverständlich ist, sich mit Literatur zu befassen, Gespräche über Literatur zu führen und in der man einen Handkuss bekommt dafür, dass man eine Leseratte ist. Der ganze sogenannte praktische Weltbezug, er beginnt für Bachmann, wenn überhaupt, viel später als für Frisch. Die Wörterwelt ist und bleibt ihre erste Heimat. Wörter lernen und erfahren, wie alte Wörter durch neue ersetzt werden. Sich die Augen nachts wund lesen.

Selbst der Faschismus und der Einbruch des Kriegs werden vor allem über die Sprache erfahrbar.

Auch die erste Liebe ist eine Liebe aus Sprache. »Die Kinder sind verliebt und wissen nicht, in wen. Sie kauderwelschen, spintisieren sich in eine unbestimmbare Blässe, und wenn sie nicht mehr weiterwissen, erfinden sie eine Sprache, die sie toll macht. Mein Fisch. Meine Angel. Mein Fuchs. Meine Falle. Mein Feuer. Du mein Wasser. Du meine Welle. Meine Erdung.«[6] Kein Ding steht in dieser ersten unbestimmten Verliebtheit mehr für sich, alles verwandelt sich in ein Du und Ich. Dieser erste Liebesdialog ist eigentlich ein langer Monolog, und der kindliche Liebeskosmos, der evoziert wird, existiert vor allem in der Sprache.

Wenn der Junge Max Frisch hingegen auf dem Fußboden seines Zimmers in der elterlichen Wohnung lag und abends im Reclamheftchen las, dem Stück nachsinnend, das gerade zu dieser Stunde im Schauspielhaus aufgeführt wurde, träumte auch er sich weg in eine Wörterwelt, aber was er suchte, waren nicht die Wörter, sondern war die Welt, die sich in dieser Theatersprache ausdrückt. Ihn faszinieren die Geschichten, die Dramen zwischen den Personen. Inhaltliches interessiert ihn, und die handelnden Menschen beflügeln seine Phantasie. Er überlegt sich, ob ein Stück vielleicht anders ausgehen könnte als an dem Abend, an dem er es zum ersten Mal auf der Bühne gesehen hat. Für Frisch ist die Sprache in den Theaterstücken eine Möglichkeit, sich den Menschen auf eine andere, neue, nicht alltägliche Weise zu nähern. Bachmanns Beschäftigung mit der Sprache ist vor allem in der Jugend monologisch und führt eher weg von den Menschen als zu ihnen hin. Max Frisch erlebt zu wenig Aufregendes zu Hause, erfahrungssüchtig wie er ist, braucht er die bunte, pralle Welt des Theaters. Auf der Bühne ist alles lebendiger, dynamischer, spannender. Das Theater ist eine Art Ersatz für das nicht gelebte Leben. Wenn der junge Max Frisch eine Farce über die Ehe schreibt, obwohl er noch nie ein Mädchen geküsst hat, dann erbringt er damit den Beweis, dass er mehr will, als er kann, und über den eigenen Erfahrungshorizont hinausdichtet. So lässt sich auch seine frühe Lust am Reisen verstehen. Er muss weg aus der engen Heimatstadt, etwas erleben, Unerwartetes sehen. Er muss lernen, wie Menschen leben, wie sie miteinander umgehen, sich lieben, streiten, sich versöhnen.

Der junge Max Frisch stürzte sich lesend mitten ins Weltgetümmel. Er las Bücher, vor allem Schiller, in denen handelnde Personen dargestellt sind, zwischen denen sich Dramatisches ereignet. Frisch spielt mit Möglichkeiten menschlichen Handelns und mit den Eskapaden des Zufalls. Der junge Frisch hatte eine unbändige Lust auf das Leben, auf Erfahrungen, auf Weite, auf Dramatik, auf die Begegnung mit Menschen. Er lag auf dem Boden seines Zimmers in Zürich und stellte sich vor, wie das aktuell inszenierte Stück sich wohl gerade jetzt auf der Bühne entwickeln mochte, er hatte um sich die Enge eines kleinbürgerlichen Elternhauses, die Enge der Stadt Zürich. Und er erkannte, was Sprache vermag. Dass sie eine Welt erschaffen kann, die voller Leben ist, in der gekämpft wird, geliebt, gehasst, gestritten, getötet. Das faszinierte ihn. Aber ihm reichte es nicht aus, nur zu lesen, sich in Literatur zu vertiefen. Er musste weg von zu Hause, sehen und erleben, was sich da draußen zuträgt, Vergleiche anstellen mit den Geschichten in den Büchern. Die junge Ingeborg Bachmann erlebte früh, wie es ist, wenn die Weltgeschichte mit Macht hereinbricht mitten in eine beschauliche Stadt. Selbst das winterliche Eis auf dem Teich berste, wenn die Bomben kommen, und das Mädchen könne seine Pirouetten auf Schlittschuhen nicht mehr drehen wie zuvor. So Ingeborg Bachmann in *Jugend in einer österreichischen Stadt*. Da wurde sehr früh eine Sicherheit genommen, und das Wunderbare, das seinen Platz hatte innerhalb der heimatlichen Mauern, sucht Unterschlupf in der Sprache und existiert nirgendwo sonst mehr. So unterstützt der Krieg die Neigung Bachmanns, sich zurückzuziehen in die Literatur, ins Lesen und Schreiben. Die Sprache ist fortan der Zauberstab, der berührt, nicht mehr die Teiche und die »Gärten voll Goldregen«[7]. Max Frisch wird nicht herausgerissen aus dem Zauberhaften der Kindheit. Er hat fast zu viel davon und sucht das Dramatische, Wilde, die Gefahr.

Ein interessantes Detail ist, dass Ingeborg Bachmann nun in Max Frisch einen Mann an ihrer Seite hat, der sich schon sehr früh mit der »Problematik« der künstlerischen Frau auseinandergesetzt hat, auf höchst amüsante Weise: Als junger Journalist nämlich erfindet Frisch eine Künstlerin, eine echte Diva: Greta Garbo. In einem Artikel für die *Neue Zürcher Zeitung* vom 14. Juli 1932 schreibt der einundzwanzigjährige Max Frisch über die Liebe des Büroangestellten Magnus Klein zu Greta

Garbo. Magnus Klein ist sich sicher, dass die Garbo von der Leinwand herab auf ihn schaut, nur ihn anlächelt. Dass sie ihn heiraten werde, aber dann könnte sie ja nicht mehr Künstlerin sein. Die Leidenschaft zu einem normalen Menschen würde sie aus ihrer Kunst herausreißen. So bleibt ihm die Bewunderung aus der Ferne, sein Geheimnis, und er ist glücklich damit. Eine Künstlerin kann kein Alltagsleben führen. Davon ist Herr Klein überzeugt. Eine Künstlerin kann keine Beziehung eingehen zu einem, der als Büroangestellter arbeitet.

In seiner Liebe zu Ingeborg Bachmann erlebt Frisch den kreativen Prozess einer Künstlerin zum ersten Mal im privaten Leben aus nächster Nähe. Aber woran Ingeborg Bachmann arbeitet, ist nicht die »Selbstdarstellung der Frau«, wie er so gern glauben möchte. Er lernt »die Frau« nicht besser kennen, indem er mit Ingeborg Bachmann zusammenlebt. Im Gegenteil, seine Verwirrung in dieser Hinsicht wächst. Und vielleicht geht es ihm eine Zeit lang wie Magnus Klein: Er hat Angst, die Dichterin aus ihrer Kunst zu reißen und hinein in ein Leben mit ihm. Aber er kann nicht mehr existieren ohne sie. Was er einst entworfen hat, gilt für ihn selbst nicht. Die Geschichte von Magnus Klein war Fiktion. Seine persönliche Erfahrung lehrt ihn anderes. Er gehorcht nicht dem, was er einst geschrieben hat. Kein literarischer Entwurf weiß mehr als die authentische Erfahrung.

Als Ingeborg Bachmann wieder unterwegs ist und in Zürich weilt, um zu arbeiten, hält er es einmal mehr nicht aus ohne sie, er setzt sich ins Auto, fährt ohne größere Pause durch, überquert den Gotthard, kommt irgendwann völlig übermüdet an, wünscht sich nichts sehnlicher, als eine selige Überraschung in ihren Augen lesen zu können, und bekommt von ihr lediglich die Frage serviert, warum er denn nicht angerufen habe. Er hat die Künstlerin gestört und hätte wohl besser gehandelt wie sein Protagonist Magnus Klein.

Muss Frisch eine solche Erfahrung wirklich machen? Muss er sich dieser Demütigung aussetzen? Er muss es offensichtlich, sonst würde er sich diesen Schmerz versagen. Vor der Geliebten zu stehen wie ein Trottel, nach zwölfstündiger Autofahrt über die Alpen. Das ist die eine Seite. Und die andere? Ingeborg Bachmann wird später schreiben in einem Gedicht über den Jubel, den das Läuten an der Tür ausgelöst habe bei ihr, immer wieder. Meint sie Frisch damit, wen meint sie? Vom Seeblick ist im genannten Gedicht die Rede, also wird sie wohl Frisch und den Zürichsee meinen. Kann sie nicht nachspüren, was es heißt, eine solche Autotour zu unternehmen, in der Nacht und in die größte Übermüdung hinein? Mondän und elegant sieht er bestimmt nicht aus nach einer solchen Mordstour. Man sieht ihm an, was er hinter sich hat. Und er hat keine Scheu, sich so der Geliebten zu zeigen, denn er kann nicht anders, da muss sie doch sehen, wie groß seine Sehnsucht ist.

An diesem frühen Morgen macht Frisch in Zürich, seiner Heimatstadt, eine Erfahrung, die er absolut nicht versteht. Er wird sie unterbringen müssen in einer Geschichte, verwandelt. Er muss sich retten, irgendwie.

Max Frischs Hilflosigkeit wächst. Immer häufiger gibt es fast beängstigende Momente. Frischs Ankommen in Zürich nach seiner nächtlichen Sehnsuchtsfahrt beschert ihm solch einen Moment. Nein, diese Frau, diese

Geliebte wird er nie von außen betrachten können. Realität und Fiktion der Liebesbeziehung lassen sich längst nicht mehr voneinander unterscheiden. Frisch macht die Erfahrung, dass ein Mensch, eine Frau, ihn völlig ausfüllt, und dem ist mit Vernunft nicht beizukommen. Das enge Zusammenleben in einer Wohnung, auch wenn es eine fast königliche Residenz ist, bedeutet, dass kein Abstand möglich ist, stattdessen eine Nähe herrscht, die Frisch immer wieder an die Grenze zur Selbstaufgabe bringt.

Ein Lichtblick ist die Freundschaft zu Uwe Johnson. Am 9. März 1962 kommt es zu einem ersten Besuch des Ehepaars Johnson in der Via de Notaris. Johnson ist ein aus der Distanz heraus sensibler Mann, er stellt eine große Nähe her, ohne dass das jeder merkt, er siezt Menschen, auch wenn die ihn schon lange duzen. Für ihn sind Ingeborg Bachmann und Max Frisch ein Paar, von dem ein großer Glanz ausgehe[8], und er meint das überhaupt nicht im Sinn von öffentlichem Glanz. Frischs Tochter Ursula Priess schreibt davon, dass man den beiden ansieht, dass sie sich lieben. Bei Uwe Johnson ist noch mehr gemeint: etwas Glänzendes, beinahe Königliches. Johnson blickt in einen intimen Bereich, ohne das Wahrgenommene auch nur ansatzweise ins Banale zu ziehen. Er sieht in dieser Liebe etwas Kostbares. Aber auch Uwe Johnson ist ein Dichter und also Erfinder.

Einen ganz anderen, entschieden handfesten Eindruck schildert der Rom-Korrespondent Gustav René Hocke[9]. Er sei eingeladen gewesen in Rom in der Via de Notaris, sei pünktlich erschienen, habe aber bloß Frisch angetroffen. Bachmann sei eine Stunde später dazugekommen, und man habe ein verkochtes Essen zu sich genommen, dafür aber umso mehr getrunken. Frisch habe dann spät nachts darauf bestanden, ihn, Hocke, nach Hause zu fahren. Unterwegs sei Frisch auf eine Pinienwurzel aufgefahren, und sein wunderschönes Fiat Cabrio habe einer Ziehharmonika geglichen. Allerdings muss konstatiert werden: Hocke scheint diesen Unfall zu genießen, beziehungsweise er scheint es Frisch zu gönnen, einen derartig dämlichen Unfall verursacht zu haben. Hocke ist eifersüchtig auf Frisch, der Ingeborg Bachmann bekommen hat, was ihm selbst vor Jahren misslungen ist. 1953 machte er die Bekanntschaft Bachmanns, war hinter ihr her, auch sie sei ihm gewogen gewesen, aber aus Rücksicht auf seine Ehe habe man verzichtet auf eine Intensivierung der Beziehung.

Verschiedene Facetten, verschiedene Blickwinkel auf ein Paar. Der Glanz der Liebe und das tägliche Einerlei. Wie Max Frisch leidet auch Ingeborg Bachmann zunehmend unter dieser erzwungenen Nähe, unter Frischs chronisch lauernder Eifersucht. Auf wen, wer weiß, es gibt bloß Gerüchte. Bachmann soll sich gern kurzzeitigen Affären hingeben, man munkelt im engeren und weiteren Bekanntenkreis von ihrer Vorliebe für besonders männliche Männer, zum Beispiel für Matrosen.[10] Und Frisch, dem selbst seine Freunde Seitensprünge nachsagen, gibt zu, dass selbst dann, wenn er zu einer anderen Frau gehe, sich nichts ändere an seiner Liebe zu Bachmann. Trotzdem ist da Eifersucht auf beiden Seiten.

Dass das Kunstwerk Liebe, von dem Ingeborg Bachmann träumt, auf ein Misslingen hinausläuft, wird spürbar. Von Monat zu Monat, Woche zu Woche, manchmal von einer Stunde auf die andere gestaltet sich das Zusammenleben schwieriger, tun sich mehr Risse auf in diesem so sensiblen Gewebe.

Max Frisch verliert fast sich selbst, und vor allem ist er nahe dran, den Bezug zur Welt zu verlieren. Manchmal, und wenn er ehrlich ist eigentlich sogar ziemlich oft, hilft nur das Saufen. Frisch beginnt schon sehr bald die Geschichte zu diesen Erfahrungen mit Bachmann zu suchen, oder jedenfalls wenigstens eine Geschichte. Er ahnt, dass er niemals wird in eine rettende Distanz zu dieser Liebesgeschichte treten können. In Rom zappelt er noch an den Fäden, die ein unbekannter Regisseur in der Hand hat, weiß nicht ein noch aus und gibt dennoch nach außen den Souveränen.

Das Einzige, was einen am Morgen nach einem jähen und wehrlosen Erwachen vor dem Schrecken bewahre, was einen in dem Labyrinthischen des Lebens Zeichen und Wegweiser finden lasse, sei das Schreiben. Mehr denn je wird die rettende Funktion der Arbeit in Frischs Leben sichtbar. Frisch vergleicht das Schreiben mit dem Faden der Ariadne. Da ist sie wieder: die Verbindung zwischen den beiden Schriftstellern, denn wer außer Ingeborg Bachmann könnte solche Sätze unterschreiben? Ihr Freund Henze ermahnt sie immer und immer wieder, doch zu arbeiten, vor allem wenn es ihr schlecht gehe. Sich einfach hinzusetzen und zu beginnen mit einer neuen Arbeit oder fortzufahren mit einer alten. Außerhalb der Arbeit, im Alltag, sind Bachmann und Frisch wehrlos, umschleichen einander, neugierig, misstrauisch, zärtlich suchend, eifersüchtig lauernd. Nicht umsonst kann Frisch, wenn er weiß, dass Besuch kommt, schon eine Stunde vorher nichts mehr machen als warten. Man weiß ja nicht, was da auf einen zukommen wird an Gespräch, an Freundlichkeit oder Feindseligkeit, man muss auf der Hut sein. Und am besten, man bereitet sich darauf vor. Der dünnhäutige Frisch, nirgendwo zeigt er sich offener als in der Beziehung zu Ingeborg Bachmann. Das Buch *Mein Name sei Gantenbein* legt Zeugnis davon ab, aber es ist keine Autobiografie, und Bachmann kommt als Figur nicht vor. Frisch will die Geschichten, die er sich vorstellt, nicht selbst durchmachen. Immer wieder passiert es, dass er eigentlich all das nicht erleben will, was er mit Bachmann erlebt. Als fände er sich mit ihr zusammen plötzlich in einem Roman vor. Und dann will er es doch. Rennt hinter ihr her, fährt ihr nach, wartet mit dem Auto an Straßenkurven auf die von einer Reise Zurückkehrende, überquert in der Nacht den Gotthard. Und ist das Ich, das dies erlebt. Ein schutzloses Ich, eines, das sich nicht versteckt in einem geheimnisvollen Inneren, sondern eines, das an der Oberfläche des Körpers angesiedelt ist, auf der Oberfläche der Haut, in der Nähe der Nerven. Was macht sie, wenn sie nicht bei ihm ist? Was denkt sie, wenn sie nicht an ihn denkt, und was, wenn sie an ihn denkt? Frisch ist eifersüchtig auf alle möglichen und unmöglichen, auf all die verborgenen Liebhaber, auf Briefeschreiber, denen sie antworten könnte, auf die Wörter, die sie erfindet und bei sich trägt, auf Gespräche, die sie mit anderen führt, auf die Musik, die sie hört, wenn sie schreibt, auf ihre nächtlichen Träume.

Keine irgendwann zu erzählende Geschichte wird jemals diese Erfahrung einholen, geschweige denn, sie verstehbar machen. Das gilt für beide. Bisher konnte Frisch immer in einen Abstand zu seinen Erlebnissen treten und aus diesem Abstand heraus seine Geschichten schreiben. Diesmal wird es nicht so sein. Dies wird nie eine wie auch immer geartete Vergangenheit sein, sondern bedrängende Gegenwart bis ans Ende seines Lebens.

Nirgendwo wird es besser sichtbar, klarer lesbar als in *Mein Name sei Gantenbein*. Während des Zusammenlebens mit Bachmann schreibt Frisch diesen schillernden, vielschichtigen, rätselhaften Roman. Eine Art Bewusstseins-Tagebuch entsteht. Dieser Roman hat mehr Ähnlichkeit mit Frischs Tagebüchern als mit den frühen Prosawerken. Er steht an einer Bruchstelle seiner Arbeit, und das hat mit Bachmann sehr viel zu tun, ohne dass sie in der Figur der Lila porträtiert würde. Frisch lernt im Zusammenleben mit Bachmann sein eigenes Schreiben, den Impuls seines Schreibens, die Arbeit seiner Imagination noch besser kennen, wird heimischer darin.

Im *Gantenbein* reflektiert das Ich darüber, wie es wohl weitergehen wird mit der Liebe zwischen Enderlin und Lila. Schlagartig fühlt man sich versetzt in Bachmanns Geschichte von Jan und Jennifer: »Noch seid Ihr die einzige Wirklichkeit weit und breit, die andern Menschen sind Marionetten eurer Laune; noch habt Ihr die Fäden in der Hand, und wer stören würde, tritt in eurem Gespräch einfach nicht auf oder so, dass er nicht stört. Noch seid Ihr sorgsam und sagt: Ein Pole, ein Flüchtling, der seinerzeit bei uns gewohnt hat und der Freund meiner Schwester war. Oder: mein erster Mann.«[11] Ein Paar also, das noch keine Geschichte hat, noch nicht eingebettet ist in eine Geschichte. Sie kennen nur sich, von innen, sie sind sich ein großer Innenraum und gehen auf leisen Sohlen. Aber die Welt fängt bereits an, von ihnen zu wissen, Namen werden genannt, und plötzlich gehören sie zu einer großen Familie, in der jeder auf den anderen achtet. Das Ende ist vorgezeichnet, sobald klar wird, dass die anderen Bescheid wissen. Sobald der Platz innerhalb der Ordnung wieder eingenommen wird. In Frischs Roman findet sich der gleiche Ton, wie er in Bachmanns Hörspiel herrscht. Die gleiche Atmosphäre.

Eines der Grundworte in Leben und Schreiben Frischs und Bachmanns bringt die beiden Elemente erneut in eine prickelnde Nähe zueinander: Utopie. Für Bachmann wird vor allem auch im produktiven Lesen das Utopische der Literatur erlebbar. »So ist die Literatur, obwohl und sogar weil sie immer ein Sammelsurium von Vergangenem und Vorgefundenem ist, immer das Erhoffte, das Erwünschte, das wir ausstatten aus dem Vorrat nach unserem Verlangen – so ist sie ein nach vorn geöffnetes Reich von unbekannten Grenzen. Unser Verlangen macht, dass alles, was sich aus Sprache schon gebildet hat, zugleich teilhat an dem, was noch nicht ausgesprochen ist, und unsere Begeisterung für das weiße, unbeschriebene Blatt, auf dem das noch Hinzuzugewinnende auch eingetragen scheint.«[12] Die Literatur ist ein ungeschlossener Bereich, in dem eine Kraft wirksam wird, die aus allen Zeiten herankommt und in die Gegenwart drängt. Bachmann nennt diese Kraft eine utopische. Es ist die Kraft des unbeschriebenen, weißen Blattes Papier.

Vom Weißen spricht auch Frisch immer wieder. Bei ihm ist das Weiße zwischen den Zeilen Garant für das Ungesagte, Lebendige, das sich aufdrängt, gesagt werden will und doch viel mehr ist als alles, was schließlich in einer Geschichte untergebracht werden kann. Für Bachmann allerdings wird das Utopische stärker an die Literatur gebunden als bei Frisch. Die Literatur als solche ist utopisch, und sie entfaltet das Utopische vor allem auch, indem sich Leser auf die Texte einlassen. Bei Frisch betrifft das Utopische eher die Erfahrung, die sich nicht aussprechen lässt, was er das Weiße nennt, um das herum geschrieben wird, das Menschsein, das vielleicht ganz anders sein könnte, als es ist. Max Frisch ist der Überzeugung, dass man nie schreiben kann, was das Leben ist. Aber es geht um das Leben, man macht all das um des Lebens willen. Das Leben ist mehr als die Literatur. Die Aufgabe der Literatur ist es, genau dies zu zeigen. Das Leben reicht so weit in einen Möglichkeitsspielraum hinein, dass keine Sprache es einholen kann. Für Bachmann hingegen ist die Literatur weiter als das Leben. Was literarisch entworfen wird, kann lebend niemals eingeholt werden.

Ingeborg Bachmann und Max Frisch kämpfen um ihre Beziehung, versuchen von Tag zu Tag, sich aufrecht zu halten in ihrem Ringen um ein Gelingen der Arbeit und des Zusammenlebens.

Ausflüge ins Unbeschwerte

Was gibt Ihnen unversehens das Vertrauen, daß sie sich mit einer Frau intim verstehen könnten: ihre Physiognomie, ihre Lebensgeschichte, ihre Glaubensbekenntnisse u.s.w. oder ein erstes Zeichen, daß man im Humor übereinstimmt, wenn auch keineswegs in Meinungsfragen?[1]

Rom 1961

Aber selbst in der Via de Notaris gibt es manchmal eine Explosion der ganz anderen Art, wenn sich nämlich Leichtigkeit einstellt, wie durch ein Wunder eine heitere Stimmung herrscht. Natürlich nicht, wenn René Hocke zu Besuch ist, aber manchmal im Beisammensitzen mit Uwe Johnson. Das ist dann so etwas wie ein »anderer Zustand«, in dem Bachmann und Frisch zu Hause sein können. Sie sind keine Fremdlinge im Bereich von Humor, Heiterkeit und Ironie, auch wenn es den Anschein haben mag.

Es gibt diese Stunden, in denen Bachmann und Frisch fast vergessen, unter welcher Anspannung sie leben. Max Frisch vor allem mag es, Gäste zu haben, er feiert gern, er genießt es, mit anderen zusammen zu essen und zu trinken. Er ist ein großer Lacher, genießt sowohl den ernsten wie auch einen lockeren Umgang miteinander. Gewiss, in Rom legt er großen Wert darauf, mit der Arbeit vorwärtszukommen, sich nicht zu zerstreuen. Aber manchmal kommen doch Gäste, Heinrich Böll, Paul Nizon, Hans Magnus Enzensberger, und Pina, das Mädchen mit der Spitzhaube, serviert dann. Frisch hat seinen Spaß, vor allem, sobald einer seiner Gäste die ihm selbst sowieso ziemlich dubios erscheinende Etikette nicht einhält, wie man es sich zum Beispiel von Heinrich Böll erzählt, und wenn Pina dann einen verwunderten Gesichtsausdruck bekommt. Nicht immer aber ist Pina zugegen, und als Martin Walser einmal zu Gast ist, spielt Frisch selbst den Hausherrn und bewirtet, denn Bachmann ist krank und liegt im Bett. Walser, der ein wenig verliebt ist in die Dichterin, setzt sich auf ihren Bettrand und plaudert mit der Kranken. Frisch, wie immer misstrauisch und eifersüchtig, kommt alle paar Minuten, um nach dem Rechten zu schauen. So versammelt sie den Geliebten und einen Verliebten um sich, beide ernsthaft bemüht. Und sie selbst ist die Hauptfigur: Sie wird es genossen und innerlich gelächelt haben über den Eifer der beiden Männer.

Das öffentliche Bild der Ingeborg Bachmann ist nicht das einer fröhlichen, lachenden Person. Die Frage ist, ob man mit einer Ingeborg Bachmann überhaupt jemals unbeschwert sein kann? Lange schon geht sie ja herum mit diesem Stempel der Ernsten, immerzu und an allem Leidenden. Ein scheinbar eindeutiges Bild. Was aber, wenn man in die Nähe der Person Ingeborg Bachmann nur dann kommt, wenn man ihr das Anwesend-Abwesende lässt, die Widersprüche, das sichtbar Unsichtbare? Tatsächlich gibt es gar nicht so wenige feine Hinweise, Zeichen für eine humorvolle, ironische Seite bei Ingeborg Bachmann. Humor sei nicht das schallende Gelächter, Humor sei »rarer und bestürzender«, schreibt Max Frisch im Programmheft zur Uraufführung von *Biedermann und die Brandstifter*. Wenn man zum Beispiel Fotos anschaut, auf denen Bachmann und Henze zu sehen sind, wird einem genau dieser Aspekt des Humorvollen deutlich: Als könnte es gar nicht sein und ist eben doch. Da steht eine lachende Ingeborg Bachmann, die auf einen Schlag alles hinter sich lässt, was über sie geredet wird. Im Betrachter stellt sich eine Art heitere Bestürzung ein, und gemeinsam mit Ingeborg Bachmann lacht er über vielleicht nichts. Die Seltenheit eines solchen Erlebnisses erhöht dessen Reiz.

Reinhard Baumgart, Bachmanns Verlagslektor bei Piper, erzählt in seiner Autobiografie von den Besuchen der Dichterin in seinem Haus. Da bleibe beim Essen immer etwas auf ihrem Teller zurück, ein wüstes Durcheinander, und dann, bei der gemeinsamen Arbeit, suche sie permanent Manuskriptseiten, lasse alles Mögliche fallen, was schon lästig sein könne. Aber er, Baumgart, gehe einfach gar nicht darauf ein, sondern betone immer und immer wieder, das alles kriege man schon hin und es sei nicht weiter schlimm. Und dann könne es sein, dass die Dichterin in Lachen ausbreche, weil sie eine Rolle fallen lassen könne, die Rolle der Schutzbedürftigen, der Hilflosen, der Armen, Zerstreuten. Baumgart erlebt sogar eine regelrecht fröhliche Ingeborg Bachmann bei sich im Garten, morgens am Frühstückstisch. Er spricht von ihrem »Strahlen«, dem Leuchten ihres Selbstbewusstseins, ihrer »Animalität«. Ingeborg Bachmann weiß, dass die literarische Öffentlichkeit in ihr die hypersensible, schwer an ihrem Leben leidende Dichterin sieht und dass darüber getuschelt wird, dass sie nie dort ankäme, wo man sie erwarte, sondern dass sie in die falschen Züge einsteige, an den falschen Bahnhöfen aussteige, überhaupt immer überall zu spät sei. Manchmal ist das ja auch so, ganz aus der Luft gegriffen sind solcherlei Zuschreibungen nicht. Der Lektor, Baumgart, kennt diese schusslige, zerstreute Bachmann schließlich auch. Und jetzt lebt sie zusammen mit einem, der ebenfalls eine Art Gerüchtefigur ist, in dem die gleiche literarische Öffentlichkeit unter anderem auch den Schwerenöter zu sehen glaubt, und so stellt sie sich vielleicht auf ihren Reisen vor, wie Frisch, ihr Schwerenöter, allein in der Wohnung in Rom herumgeht, es schwer hat und sich überlegt, was sie wohl treibt, wenn sie nicht bei ihm ist. Und sie hofft, dass er nicht vergisst, die Extrawurst zu kaufen, die sie sich wünscht, wenn sie zurückkommt nach Rom, und die es hoffentlich nicht nur in Wien gibt, wo man sie direkt unter diesem Namen kaufen kann, sondern auch in den römischen Metzgereien.

Und Max Frisch, der Frauenversteher, der Frauenerfinder? Er weiß ja doch, dass er die Frauen nicht versteht, nie verstehen wird, dass er an ihnen herumrätselt und sich dann wundert, wenn sie sich nicht so verhalten, wie seine Deutung es verlangen würde. Aber auch er ist überzeugt, dass diese Liebe einmalig ist, nicht lebbar im Grunde, aber Bachmann und er, sie sind ein erstes Paar, versuchen es zu sein. Und ein erstes Paar ohne Lachen kann es nicht geben. Ein erstes Paar tritt aus allen Bildern heraus, auch aus den Inszenierungen der eigenen Person. Es lässt fallen, was ihm an Wiedererkennungsmänteln übergeworfen wurde, und streift ab, was es sich selbst zugesprochen hat an theatralischer Maskerade. Gelungene Momente stellen sich dann ein, wenn scheinbar festgefügte Rollen durchbrochen werden, die öffentliche Meinung hinters Licht geführt und die gebildete Allesversteher-Öffentlichkeit an der Nase herumgeführt wird.

Das Spiel mit der Identität ist für Bachmann und Frisch immer auch ein humorvolles Spiel, in dem vor allem selbstironische Bemerkungen ihren Platz haben. Max Frisch spielt mit seiner Frauenversteherrolle, Ingeborg Bachmann spielt mit ihrer Rolle als hyperfragile Dichterin. Sie gaukeln der Öffentlichkeit etwas vor, halb im Ernst, aber häufig auch halb ironisch. Denn der Vorhang hat sich lange schon gehoben, das Publikum hat Platz genommen, kein Sitz ist mehr frei, und auf den Logenplätzen sieht man die hoch erhobenen Häupter ganz besonders wichtiger Leute, die sich auskennen bei den Dichtern und Dichterinnen. Natürlich ist es nicht wahr, dass wir in einer Zeit ohne Dramen leben. Natürlich sind die Dramen in Beziehungen in einer solchen Schriftstellerliebe wahrscheinlich noch dramatischer als anderswo. Aber Ingeborg Bachmann und Max Frisch sind eben auch große Widersprecher, Durchstreicher alles einmal Gesagten. Und sie ironisieren sich selbst, immer wieder, hörbar deutlich. Sie schreibe Heimatromane, weil ihr die Asphaltliteratur zuwider sei, beginnt Bachmann ihr erstes Gespräch mit Hans Werner Henze. Er glaubt ihr, er fällt herein auf ihren Witz. Sie schreibt in der Tat Heimatromane, aber diese Heimatromane sind gleichzeitig Asphaltliteratur, spielen vor allem in Wien, in der Großstadt. Bachmann nimmt sich selbst auf die Schippe und packt ihr Gegenüber, in diesem Fall den schönen jungen, hochbegabten Komponisten Hans Werner Henze, mit drauf.

Ein anderes Beispiel: In einem Interview vertritt Bachmann die Ansicht, die Männer seien unheilbar. Als ihr Gesprächspartner ein wenig irritiert schaut, blickt sie ihn an und fragt ihn, ob er das nicht schon gewusst habe. Damit ist dem Satz auch bereits seine ernste Absolutheit genommen. Für wen hält dieser Herr sie, Bachmann, denn? Als könnte sie nicht lachen über sich selbst. Das kann sie nämlich, aber wie. Zu leben mit einem Mann im Wissen, dass er nicht anders ist als die anderen Männer, dass kein Mann die Frauen je verstehen wird und die Liebe schon gar nicht, dass die Männer auf einem anderen Planeten leben, von dem aus sie ihren Geliebten, ihren Ehefrauen Schreckliches zufügen. Es ist ein Klischee, und einem Klischee kann man nur mit Humor begegnen. Ingeborg Bachmann heiratet Max Frisch nicht, obwohl er ihr einen Antrag macht. Das wäre in ihren Augen eine unmögliche Situation. Aber wie sie das sagt, so übertrieben überzeugt, so frenetisch überzeugend, ist es auch ein Witz, der ungläubiges Staunen hervorruft beim Zuhörer. Denn im Aussprechen des einen Satzes liegt der Sprecherin das Widersprechen auf der Zunge. Nirgendwo zeigt sich die intellektuelle Seite der Ingeborg Bachmann deutlicher als in ihrer speziellen Art von Humor. Nicht jeder versteht sie darin, und es ist fraglich, ob Max Frisch ihr immer folgen kann, denn er ist nicht unbedingt ein Mann für humorvolle Anspielungen. Ihm liegt das Lachen auf der Zunge, und es will heraus, direkt und unvermittelt. Max Frisch ist kein Polterer, aber ein spontaner Mensch.

Auf Frischs Teller herrscht nicht dieses ewige Durcheinander wie bei Bachmann, er ist kein Knusperer und Knabberer, ebenso wenig mag er ausgefeilte Hintersinnigkeiten, hingeworfene Witzbrocken. Manchen Scherz Bachmanns wird er überhören, und sie wird so manches Mal ein wenig erschrecken über seinen direkten und sehr menschenfreundlichen Humor. Wenn aber beide Formen des Humors, der Ironie, zusammenkommen, dann ist es perfekt, und Bachmann und Frisch verkörpern wirklich so etwas wie ein erstes Paar. Dann zerschlagen sie alle Spiegel, treten aus allen Bildern.

Max Frisch arbeitet vom frühen Morgen bis in den frühen Nachmittag hinein. Er ist ein disziplinierter Arbeiter ohne große Schreibblockaden. Ingeborg Bachmann hört sein Tippen im unteren Stockwerk, es lähmt sie, oder sie meint vielleicht auch nur, es lähme sie, weil sie einen Grund sucht für die eigene Blockade. Es ist nämlich nicht immer so bei ihr.

1954, in ihrer ersten römischen Wohnung, Piazza della Quercia 1, scheint sie zumindest nachts nicht unter Schreibblockaden gelitten zu haben, denn ihr Maschinengeklapper war so stark, dass Anwohner sich davon gestört fühlten und die Polizei riefen. Bachmann erklärte den verdutzten Polizisten, sie sei Dichterin und könne nur nachts schreiben. Zur Verdeutlichung fuchtelte sie mit einem Blatt Papier herum, auf dem ein paar Zeilen standen.

Aber jetzt, mit dem konsequenten Schreiber Frisch in der gleichen Wohnung, erlebt sie immer wieder Blockaden, und dann geht sie am liebsten aus dem Haus, flüchtet, schlendert durch die Straßen, setzt sich in den Friseursalon, blättert in Zeitschriften. Sie betrachtet die schönen römischen Menschen. Für Schönheit ist sie jederzeit offen. Zum Beispiel sieht sie den Straßenarbeitern mit ihren schwitzenden und gebräunten Oberkörpern gern zu, wenn sie den Teer aufspritzen oder den Kies aufschütten. Ganz sicher blickt sie den Postboten hinterher, für die sie eine ausgesprochene Schwäche hat, und überlegt, wem wohl welche Nachricht ins Haus flattern könnte. Die halb blinde Ingeborg Bachmann, die wie eine Schleiereule die Straßen entlangwandelt, kriegt doch alles mit, auch das, was sich am Rand, in einer Straßengrube, auf einem Bauplatz, abspielt. Es gibt genug zu entdecken in dieser Stadt, draußen, und in den Zeitschriften, den Anzeigen, der Werbung. Im Friseursalon wird sie manches anspringen und sich beizeiten verwandeln in Geschriebenes, auch wenn zunächst nur die Blockade im Vordergrund zu stehen scheint und die Angst vor der immensen, fast brachialen Arbeitsenergie eines Max Frisch. Zuerst unter die Haube beim Friseur, ein wenig blättern in den Illustrierten, dann mit neuer Frisur durch Rom schlendern, und man darf drauf wetten, dass sie ihn vor sich sieht, ihren Max, wie er, die Pfeife im Mundwinkel hängend, Buchstabe für Buchstabe in die Maschine tippt. Und dass sie sich diebisch freut darüber, dass sie nicht den Wunsch verspürt, ihm etwas zu kochen für hinterher, wenn er, erschöpft von der Arbeit und hungrig, durchs Haus tigert, weil das Hausmädchen gerade heute ihren freien Tag hat.

Max Frisch empfängt in Rom gemeinsam mit Ingeborg Bachmann auch immer wieder seine Kinder, und sie erleben unbeschwerte Stunden zusammen. Die Kinder, Ursula, Peter und Charlotte, mögen Ingeborg Bachmann, mit Max Frischs ältester Tochter Ursula geht sie sogar Schuhe kaufen. Bei dem jungen Mädchen prägt sich dieses Erlebnis so intensiv ein, dass sie viele Jahre später in einem Buch mit Erinnerungen an ihren Vater davon erzählt. Sie seien fröhlich gewesen, nach dem gemeinsamen Schuhkauf hätten sie sich mit Max Frisch in der Stadt getroffen, und er sei erfreut gewesen über den guten Geschmack der beiden Schuheinkäuferinnen. Das klingt sehr normal, alltäglich, unspektakulär. Und hat seinen festen Platz im Zusammenleben Frischs und Bachmanns. Auch in Briefen an seine Tochter erwähne Frisch solche Momente eines leichteren, heiteren Alltags, schreibt Ursula Priess in ihrem Buch über den Vater.

Erstaunlich ist auch Ingeborg Bachmanns Neigung, sich in ihrer Prosa immer wieder ein wenig lustig zu machen über bestimmte Leute, unter anderem über die, die ausschlaggebend beteiligt waren an ihrem eigenen frühen Ruhm, nämlich die Journalisten in den Feuilletons großer und kleiner Zeitungen. Man war sich im Kreis der Literaturkenner doch einig darüber, dass der Mensch ein dunkles Wesen sei, der Einsamkeit verpflichtet, und vor allem die Dichter seien monologisch, verzweifelt und geben der Einsamkeit eine Stimme. Welche Unverschämtheit, wenn nun diese Dichterin, der man die Leiter zum Erfolg hingestellt hatte, der man geholfen hatte, ganz nach oben zu klettern, auf einmal von Sklaverei spreche. Dass man als Dichterin die Sklavin der Zeitungen sei, die Sklavin der öffentlichen Meinung und sich die Leser auch zu Sklaven mache. Und dann will man persönlicher sein, spricht die Dichterin an auf ihren Alltag, ihre Lieblingsbeschäftigung, und sie antwortet rundweg, sie sei überhaupt nie beschäftigt, sie könne das überhaupt nicht aushalten, in einer Welt, die birst vor lauter Geschäftigkeit, selbst auch noch beschäftigt zu sein. »Sie sehen ja diese wahnwitzige Geschäftigkeit in der Welt und diese infernalischen Geräusche hören sie doch, die von ihr ausgehen.«[2] Und eine Meinung habe sie auch keine, zu nichts, und warum auch sollte sie eine Instanz sein. Nein, sie wolle nicht wirken, denn mit jeder Wirkung komme ein neues Missverständnis hinzu.

In ihrem Libretto zu Hans Werner Henzes Oper *Der junge Lord* wird Ingeborg Bachmann später betonen, dass der Humor auch seine »nationalen Seiten« habe. Also, kann man folgern, wird der Humor eines Schweizers wahrscheinlich etwas anders sein als der Humor einer Österreicherin. Es kann sein, dass man sich knapp verfehlt und nicht immer in einem Atemzug über die gleichen Dinge lachen kann. Bachmann zeigt in ihren Notizen zu dieser Oper, dass es nicht darum geht, sich lustig zu machen, in schallendes Gelächter auszubrechen ob der Borniertheit von Leuten, die auf einen Affen hereinfallen. Humor, so sagt Max Frisch, entlarve auf subtile Weise, neige sich eher zur Seite des Unsicheren, habe eine Verwandtschaft mit der Scham. Das Ende seines Stücks *Don Juan* ist humorvoll, wenn Miranda andeutet, sie sei schwanger, und Don Juan antwortet.

»Wir sind so weit.« Vordergründig spricht er zum Diener, der das Essen servieren soll. Eine zweite Bedeutungsschicht betrifft aber die Beziehung zu Miranda. Ja, nun ist alles, wie es sein soll in der Ehe. Für Juan ist es eine Entlarvung, er schämt sich ein wenig vor sich selbst. Er hat kapituliert und ist seiner einzig wahren Geliebten, der Geometrie, untreu geworden. Und Miranda versteht ihn, entwirft das Bild einer Zukunft, in der es Don Juan gar nicht mehr geben wird, nämlich dann, wenn er sich wirklich freuen kann über das Kind.

Max Frisch ist kein Don Juan, und er liebt nicht vor allem die Geometrie. Aber ein wenig spielt auch er damit, was es heißen könnte, wenn man irgendwann in einer Beziehung sagte: »Wir sind so weit.« Und so macht er Bachmann einen Heiratsantrag, ein Experiment, ein Spiel mit nicht ganz offenem Ausgang, weil er ja weiß, sie wird das niemals tun, sie wird nicht heiraten. Sie würde zu einer veritablen Komödie, die Geschichte mit Ingeborg Bachmann, wenn die Geliebte sich einließe auf eine Ehe mit Frisch. »Wir sind so weit«, hieße es dann. Und was kommt nun?

Ironie und Selbstironie, ein Humor der leisen Art, Komödien der Entfremdung: Ingeborg Bachmann und Max Frisch sind auch hier zu Hause. Ihre komischen Figuren sind meistens gescheiterte Figuren, die weiterleben, indem sie widersprechen, sich selbst und ihren Lebensentwürfen, den anderen Menschen und ihren Zuschreibungen. Dem Leben selbst, das Ingeborg Bachmann eine »Kränkung« nennt. Aber auch dieser Aussage widerspricht sie in ihrer Faszination für den Süden, das Licht, die Schönheit. Selbst die gescheiterten Existenzen in Frischs und Bachmanns Werk sind keine ganz und gar unfreien Existenzen, im Gegenteil. Indem sie auch anders leben könnten, sich für eine andere Existenzform entscheiden könnten, eröffnen sie sich einen Freiraum, den nur die haben, die widersprechen, nicht zuletzt sich selbst.

Und was die reale Liebesgeschichte der beiden betrifft: Warum sollte nicht unter anderem das gleiche Gespür für Humor sehr schnell eine Nähe hergestellt haben? Was wäre abwegig an einem solchen Gedanken? Wenn man miteinander lachen kann, anstatt, wie es Frisch zufolge bei Dürrenmatt der Fall ist: dass einer über den anderen lacht. Kein Mensch sei lächerlich, so die Meinung Bachmanns. Sie würde nie über einen anderen Menschen lachen, höchstens über die Rollen, die er sich zulegt, und Frisch stört es in seiner Beziehung zu Dürrenmatt, dass der ihn zur Humorlosigkeit verdonnere, eben weil er über einen lache und nicht mit einem. Einen überraschenden Moment herstellen zu können, einen Satz zu sagen, der das Gegenüber verdutzt. Indem Frisch bei der ersten Begegnung mit Bachmann die Frage an sie richtet, ob sie mit einem Kind lebe, erzeugt er sogleich eine Leichtigkeit, erweckt in Bachmann die Ahnung, dass hier einer so rein gar nichts weiß über sie. Da ist eine Distanz zur Lebensgeschichte, zu den vergangenen und gegenwärtigen Dramen, und aus dem Stehgreif ist man in einer Art Komödie gelandet. Ein Anflug von Bestürzung und dann das erleichterte Lachen.

In den Jahren des Zusammenlebens, vor allem in Rom, in der Via de Notaris, werden die Momente zahlreicher, in denen Missverständnisse überhandnehmen, das Zerwürfnis droht. Eine Zeit lang schafft das Paar es, immer wieder, mit Humor, auch dem Schrecken zu widersprechen, der Lüge, der Eifersucht und jeder Art von Fremdheitsempfinden. Bis schließlich doch im Leben fast kein Widersprechen mehr möglich ist.

EMMA

DAS MAGAZIN VON FRAUEN FÜR FRAUEN

**Urlaub
Frau auf
Abenteuer**

**Golfkrise
Soldatinnen
rechtlos**

**Antje Vollmer
Einfach zum
Totlachen**

Ingeborg Bachmann: Es war Mord

**Jelinek über
Bachmann
Schwarzer
über Malina**

Mord ist keine Kunst

Es ist ein großer Irrtum, zu glauben, daß man nur in einem Krieg ermordet wird oder in einem Konzentrationslager – man wird mitten im Frieden ermordet.[1]

Rom 1962

Für die Liebesbeziehung zwischen dem »Hätschelkind der deutschen Literatur« und dem »Weiheknaben«, wie Frisch Ingeborg Bachmann und sich selbst in einem Interview mit Volker Hage[2] tituliert, ist 1962 das Alles-oder-nichts-Jahr, das Jahr, in dem es sich entscheidet, ob sie zusammenbleiben oder nicht. Kleine Trennungen gibt es immer wieder, und meistens gehen sie von Bachmann aus, denn sie unternimmt, wie bereits erwähnt, viele Reisen, vor allem Lesereisen oder Reisen etwa zu Tagungen der Gruppe 47. Und in diesen Fällen erwartet sie, dass Frisch selbstverständlich in Rom ihrer Rückkunft harrt. Wann genau sie zurückkommen wird, gibt sie niemals an.

Max Frisch wartet nicht gern, weil er weiß, wenn er wartet, dann richtet er sich ein in diesem Zustand. Er hat lieber Planungssicherheit. Aber schließlich wartet er doch, sehnt sich, arbeitet wie immer und trinkt aus sehnsüchtiger Verzweiflung. Ist die Geliebte zurückgekehrt, zeigt er sich mit ihr, sie flanieren in den Straßen, besuchen ihre Stammcafés, und wenn man Hans Werner Henze Glauben schenken will, dann nennt Frisch Bachmann in Anwesenheit anderer gern »Mädchen«. Max Frisch braucht die Frau oder eben das Mädchen an seiner Seite. Ingeborg Bachmann allerdings ist bereits 36 Jahre alt.

Sie bleibt nicht das einzige und letzte »Mädchen« im Leben Max Frischs. Schon im Frühsommer 1962 tritt ein weiteres Mädchen in Frischs Dasein, und diesmal ist es ein fast echtes Mädchen: die 23-jährige Romanistikstudentin Marianne Oellers. Sie ist die Freundin des 14 Jahre älteren Dramatikers Tankred Dorst, der sich als Stipendiat in der Villa Massimo aufhält.

Bachmann und Frisch laden das Paar zum Abendessen ein.

Frisch wartet, und während er wartet, ist er wie immer unfähig, sich mit etwas anderem zu beschäftigen. Oben in seinem Arbeitszimmer hört er, dass die Gäste bereits angekommen sein müssen, denn Ingeborg Bachmann spricht mit ihnen. In seiner Aufregung übersieht er, dass er bereits eine Krawatte trägt, und bindet sich eine weitere um. Und so werden Marianne Oellers und Tankred Dorst begrüßt von einem Gastgeber mit zwei Krawatten, einer gelben und einer blauen. Peinlich ist das überhaupt nicht. Damit wird weit eher sogleich eine leichte, unverkrampfte Atmosphäre hergestellt. Es gibt etwas zu lachen, und Max Frisch muss nicht die Rolle des Mondänen spielen. Er zeigt sich authentisch, ohne den Schutz einer perfekten Kleidung. Ein ungewöhnlicher Auftakt für den ersten gemeinsamen Abend, den Kennenlernabend. Was daraus entstehen wird, ahnt noch niemand. Dass Marianne Oellers eine hübsche

Person und auch eine ungezwungen natürliche Frau ist, merkt Frisch sehr schnell. Und etwas kommt hinzu: Sie hat Erfahrung im Zusammensein mit einem älteren Mann. Man blamiert sich nicht so leicht. Man kann sich geben, wie man ist.

Etwas liegt in der Luft: Verwirrung, Leichtigkeit, bereits angekündigt durch Frischs clownesken Aufzug. Die Atmosphäre ist einerseits fröhlich-leicht und andererseits wie elektrisch aufgeladen. Am wenigsten davon bekommt offenbar Ingeborg Bachmann mit. Sie wittert keine Gefahr in der Studentin. Eine angenehme und dazu attraktive Erscheinung ist diese junge Person mit ihren dunklen lebendigen Augen und dem hochgesteckten schwarzen Haar, das ihr einen seriösen Anstrich gibt. Sie spricht so begeistert von Rom, scheint den Aufenthalt in der Stadt in vollen Zügen und jugendlicher Euphorie und Abenteuerlust zu genießen. Außerdem hat sie Geist und Witz und bringt andere zum Lachen. Wie sie wohl zu diesem merkwürdigen Dorst gekommen ist, mag Ingeborg Bachmann denken. Viel zu steif ist der, zu streng und natürlich zu alt. In ihrer Konzentration auf Marianne Oellers entgeht Bachmann, dass gerade jetzt, in diesem Moment, etwas ins Rollen kommt, das für sie selbst unabsehbare Folgen haben wird. Sie ist sich offensichtlich überhaupt nicht klar darüber, in welcher Anspannung Max Frisch lebt, wie groß seine Sehnsucht ist nach einem Schwebezustand, nach dem Durchatmen-Können. Der Schriftsteller und Geliebte von 51 Jahren an ihrer Seite hat seine Antennen in Richtung Anfang ausgerichtet, und Ingeborg Bachmann verharrt in apathischer Arglosigkeit.

Das Zusammenleben mit ihr stellt für Frisch zusehends eine Überforderung dar. Immer muss er auf der Hut sein, aufpassen, dass kein Wort zur unrechten Zeit fällt, er sich nicht vertut im Sprechen, im Handeln. Nicht im falschen Moment lachen, nicht sich lustig machen über Dinge, die Bachmann nicht lustig finden kann. Jedes Wort auf die Waagschale legen müssen.

Bachmann ihrerseits leidet darunter, dass Frisch manches allzu leicht nimmt, auch gern einmal einfach so im Plauderton daherredet. Sein Spieltrieb, seine Leichtigkeit. Sie hat gehofft, ihren Platz in der Welt zu festigen, indem sie Frisch liebt und mit ihm lebt. Nun ist es ihr zu viel Welt und zu wenig Poesie. Eigentlich ist es auch ganz einfach. Ingeborg Bachmann und Max Frisch, ein Paar, sie lieben sich, sie suchen die Nähe, sind aber auch auf Abstand bedacht. Sie vertrauen und misstrauen der Sprache, sie beschützen sich gegenseitig und liefern sich einander aus. Und schon wird es kompliziert. Es ist alles, was die Liebe sein kann, und mehr, es ist zu viel und zu wenig, Hitze und Eiseskälte, Rausch und Ernüchterung. Und am Horizont das Unabsehbare.

Das Alltagseinerlei funktioniert irgendwie, es geht um anderes, Atmosphärisches. Wenn man eindringen könnte in die Atmosphäre, die herrscht in dieser Wohnung über den Dächern von Rom, dann könnte man mehr sagen. Es ist wie in den Kriminalromanen des Schweizer Schriftstellers Friedrich Glauser, dessen Hauptfigur, Kommissar Studer, davon spricht, dass es weniger die Tatsachen seien, die er brauche, um einen Fall aufzuklären, sondern es sei vielmehr die Luft, in der die Menschen leben. In der Via de Notaris 1 F scheint die

Luft immer stickiger zu werden, sehr herbstlich nebelhaft, und es atmet sich schwer. In dieser Zeit wachsender Bedrückung versucht sich Bachmann wieder an Gedichten, aber sie kommt über Fragmentarisches nicht hinaus. In diesen verzweifelten lyrischen Versuchen ist die Rede von Banalitäten, von einem »Komplicen der Banalität«, von der »Dürre einer abgeernteten Brust«, in die das lyrische Ich ein Herz eingepflanzt habe, von einem »sterilisierten Gespräch«, »abgemähten Liebesfeldern«, und die Liebe wird »die große Merde« genannt.[3] Das sind fürchterliche, schockierende Worte, Sätze. Als bliebe Ingeborg Bachmann nur noch die Flucht in die Übertreibung, in den extremen Ausdruck, und das Widersprechen, der Blick in ein Reich des Utopischen ist ihr abhandengekommen.

In solchen Zeilen wütet sie gegen alle und alles, den Mann, sich selbst, die ganze Welt. Es muss eine grauenvolle Leere sein, die Ingeborg Bachmann empfindet, die Frau und die Dichterin gleichermaßen. Sie verkapselt sich ganz und gar in dieser Leere. Eine Wand hat sich aufgerichtet zwischen ihr und dem anderen, dem Geliebten, zwischen ihr und der Welt.

Und Max Frisch? In ihm regt sich der dringende Wunsch, einfach nur noch ins Freie zu gelangen. Er ist in einem Alter, wo er nicht mehr alle Zeit der Welt hat. Er fürchtet sich vor dem, was noch kommen könnte, vor einer Steigerung der Dramatik im gemeinsamen Alltag. Überall sind Fallstricke ausgelegt, kann sich ein Abgrund öffnen. Verbrechen, Schuld, Unglück, das sind starke Worte, die jedoch beiden Schriftstellern mehr als vertraut sind. Sie lesen die Zeitungen intensiv, sie ziehen die Stoffe für ihre Texte nicht selten aus den realen Schauer- und Mordgeschichten, die dort abgedruckt werden. Sie wissen, dass die Literatur und nicht nur sie, dass das Leben selbst voll ist von traurigen, gescheiterten, unglücklichen Liebesgeschichten. Und dass Liebesgeschichten nicht selten auch Krimis sind.

Das Zusammenspiel von Leben und Schreiben wird immer intensiver, undurchschaubarer, verzwickter. Es ist in der Tat wie in einem Kriminalroman. Diese Liebesgeschichte, sie ist auch eine Kriminalgeschichte. Es geht um Verletzungen, die am Ende tödlich sein könnten. Kleine Mordversuche, aus Angst, Eifersucht, Verzweiflung. Das Vorstellungsvermögen, die Phantasien, Assoziationen spielen ihren Part. Es ist sehr viel vorstellbar im Zusammenleben, wenn man ein Paar ist. Bei diesem Paar, das lebt, um zu schreiben, und schreibt, um zu leben, hängt schließlich alles mit allem zusammen. Max Frisch hat es leichter mit den Schlupflöchern. Ihm bleiben Fluchtversuche, immer wieder, fort und an einen Ort, wo es sich leichter atmen lässt. Er tanzt sich heraus aus den Verstrickungen, leichtfüßig und wie schwebend, dem Rauch seiner Pfeife hinterher.

Ingeborg Bachmann gelingt das Entkommen nur im Ansatz und mit übergroßem Kraftaufwand. Eine Eifersucht hat sich in ihr aufgebaut, weniger auf die Menschen, die Frauen, mit denen Frisch zu tun hat, als vielmehr auf seine Arbeitsenergie. Die Arbeit ist die fremde schöne Geliebte an seiner Seite, die ihr, Bachmann, den Platz streitig macht. Dass Frisch so kreativ ist, so voller Energie, dass er sogar noch Tagebuch schreibt neben allem anderen. Frisch hingegen ist und bleibt chronisch eifersüchtig im eher klassischen Sinn, und zwar immer dann, wenn Leidenschaft im Spiel ist. Das betrifft nicht nur Ingeborg Bachmann, sondern alle Frauen, mit denen ihn mehr verbindet als ein leichtes Liebesgeplänkel. Gegen beide Formen der Eifersucht ist kein Kraut gewachsen. Sie entstehen aus dem Wunsch, bis ins Detail zu wissen, mit wem man es zu tun hat, die geliebte Person zu durchschauen und zu kontrollieren, im Leben und in der Arbeit. Dabei stellt man sich aber auch wieder nur vor, wie der andere sein könnte, grenzt ein und tötet den geliebten Menschen in ein Bild hinein, die alte Geschichte. Die Forderungen des Alltags sind stark, die Macht der Rollen ist riesig, und die Grube, in die ein Paar fallen kann, vielleicht fallen muss, ist tief, auch wenn dieses Paar für sich beansprucht zu sein, wie noch kein Paar zuvor gewesen ist.

Ingeborg Bachmann und Max Frisch wollten aufbrechen in eine ungeahnte Zukunft voller Möglichkeiten, drei Jahre lang haben sie es versucht, aber nun, im Frühsommer 1962, an diesem Abend mit Marianne Oellers und Tankred Dorst, steht unübersehbar eine Frage im Raum: Wo sind Ingeborg Bachmann und Max Frisch auf ihrer Liebesreise gelandet? Wie viel von ihrer anfänglichen Begeisterung ist in ihrer Beziehung noch spürbar, wie viel Zärtlichkeit, Aufbruchswillen, und schließlich vor allem Liebe?

Max Frisch ist schon nicht mehr ganz anwesend an diesem Ort, in dieser Stunde. Er ist bereits in der Zukunft, an einem anderen Ort, mit einer anderen Frau. Wieder einmal richtet er den Blick in die Ferne, entzieht sich der bedrängenden Gegenwart einer komplizierten Liebe. Er kann das. Vielleicht müsste es nicht einmal diese Frau sein, Marianne Oellers. Wäre Tankred Dorst mit einer anderen jungen hübschen Frau gekommen, vielleicht würde die Geschichte denselben Verlauf nehmen. Es klingt banal, ist aber die simple Wahrheit: Max Frisch ist reif für eine neue Liebe. Er ist reif dafür, ohne die alte Liebe abgelegt zu haben, ohne fertig zu sein damit, ohne zu verstehen, was geschehen ist und noch immer geschieht. Er taumelt, er will es gar nicht wirklich wissen. Er liebt Ingeborg Bachmann noch, aber er muss nicht mehr mit ihr leben, er muss sie nicht mehr um sich haben, auf sie warten, sich nach ihr sehnen, sie anbeten, bewundern, all das gehört der Vergangenheit an. Er behält sie in sich, die Dichterin vor allem, die Wortzauberin, sie wandert umher in seinem Inneren, in seinem Kopf auch, seinem Gedächtnis. Sie hat dort ihren Platz gefunden, den Ort ihres Wohnens, auf Dauer. Aber das verschweigt er sich jetzt. Später wird er es ganz lapidar ausdrücken: seine Hörigkeit sei aufgebraucht gewesen. Aber das ist ein Versprecher, der Versprecher eines aus Reue Verzweifelten. Immer wieder überholt er sich, um dort anzukommen, wo er eigentlich noch gar nicht ist oder vielleicht niemals sein wird.

Zurück zum Abend einer wundersamen Verwandlung: Es bleibt nicht bei der einen Begegnung zwischen Max Frisch und Marianne Oellers. Bei einigen der folgenden Treffen sind Bachmann und Dorst mit von der Partie. Aber manchmal finden die Treffen auch ohne die beiden statt. In Frischs Fiat-Sportwagen haben auf jeden Fall nur zwei Personen Platz, und interessanterweise entwickelt Frisch gerade jetzt ein großes Vergnügen daran, die Umgebung von Rom ausgiebig, ja fast ausschweifend zu erforschen. Marianne Oellers lacht gern, sie redet wie ein Wasserfall, ist vorbehaltlos offen allem Neuen gegenüber. Frisch gefällt das Mädchenhafte, und dass sie ihr Haar so ungewöhnlich trägt, hinaufgekämmt und die Ohren frei. Es geht sich leichter neben ihr als neben Ingeborg Bachmann, deren heitere Phasen nie sehr lange anhalten, deren Stimmung jederzeit umschlagen kann, die man von der Seite beobachten muss, will man sich nicht von einer Sekunde auf die andere im Schrecken wiederfinden. Wenn diese junge Frau hingegen lacht, ist es ein Indiz für ihre anhaltend fröhliche Stimmung. Mit ihr spazieren zu gehen heißt, gelassen einen Schritt vor den anderen zu setzen ohne Angst vor einem plötzlichen rätselhaften Richtungswechsel. Und nichts liebt Frisch mehr als entspannte Spaziergänge.

Dennoch: Obwohl Marianne Oellers verliebt ist, stürzt sie sich nicht Hals über Kopf in ein Abenteuer mit Frisch. Sie zögert, sie weiß schließlich um das Alter Frischs, und sie weiß um den Glanz, der eine Ingeborg Bachmann umgibt. Sie kennt vor allem die Dichterin Bachmann, hat ihre Gedichte gelesen, aber sie konnte Ingeborg, die Frau, noch nicht kennenlernen. Sie ist neugierig, möchte wissen, wie es genau um die Liebesbeziehung Bachmann-Frisch steht. Sie will vor allem Klarheit darüber, wie es im Innern Ingeborg Bachmanns aussieht, ob sie Frisch wirklich liebt. Ein wenig naiv ist eine solche Haltung bestimmt, aber Marianne Oellers ist sehr jung, sie ist schließlich keine Dichterin, und ihre

Vorstellung von Liebe ist offensichtlich eine ganz andere als die Bachmanns. Sonst würde sie ihre Konkurrentin nicht in München im Hotel aufsuchen und die Frage, ob Bachmann Frisch liebe, nicht direkt stellen und sich darüber wundern, dass Bachmann nicht bei Frisch in Rom, sondern in München sei. Eine wie Bachmann kann eine solche Frage bloß belächeln. Für Marianne Oellers ist es klar: Wenn man jemanden liebt, lässt man ihn so selten wie möglich allein, sucht stattdessen die permanente Nähe. Nein, wirklich zu lieben scheint Ingeborg Bachmann ihren Max nicht.

Marianne Oellers selbst hat Rom verlassen mit Tankred Dorst zusammen, aber es kam zu einem Streit, in dessen Folge man sich getrennt hat, und nun ist sie also frei. Oder doch nicht mehr ganz frei, denn etwas in ihr hat sich bereits entschieden, für eine neue Liebe, für Max Frisch. Ingeborg Bachmann zweifelt in keiner Weise daran, dass Frisch so etwas nicht tun würde, sie verlassen wegen einer jungen, hübschen, und wenn auch klugen, so doch in Liebesdingen offenbar reichlich naiven Studentin. Aber dann geschieht sehr schnell das schier Unmögliche, und Frisch trennt sich im September 1962 von Ingeborg Bachmann. Das Ende, es kommt gänzlich unerwartet und ist ein Schock für Ingeborg Bachmann. Die neue Frau an Max Frischs Seite aber heißt Marianne Oellers.

Zurück bleibt eine verstörte, sich wie tot fühlende Ingeborg Bachmann. Ermordet? Einfach so aus dem Weg geräumt, als sei es das Natürlichste auf der Welt? Denn geschieht schließlich nicht genau das täglich, überall, dass Menschen einander ermorden jenseits der großen Kriege? Wie konnte Bachmann so leichtgläubig sein, wo sie doch sicher ist, dass es viele alltägliche Niederträchtigkeiten gibt zwischen den Menschen, zwischen Mann und Frau? »Es fängt an in Beziehungen zwischen den Menschen. Der Faschismus ist das erste in der Beziehung zwischen einem Mann und einer Frau …«[4] Das Furchtbare, Mörderische geschieht einfach, ohne dass ein großes Aufhebens davon gemacht würde. Auch die Trennung Frischs von Bachmann geschieht irgendwie, sehr schnell, als habe es sich ergeben, einfach so. Man müsse sagen können, was jeden Tag neben uns passiert, auf welche Weise Menschen ermordet werden von den andern. Erst dann, wenn jemand das beschrieben habe, könne man verstehen, wie die großen Morde zustande kommen.[5] Der Alltag selbst hat abscheuliche und mörderische Züge. Täglich werden Menschen ermordet, ohne dass ein offener, militärisch ausgetragener Krieg herrschen muss. Dieser Meinung ist Ingeborg Bachmann. Sie äußert sie öffentlich in Interviews und erzählt in ihrem Werk davon.

Und Max Frisch? Er verlässt Ingeborg Bachmann auf diese abrupte Weise, ohne Vorwarnung. Fühlt auch er sich verraten und verkauft? In seiner Liebe missbraucht? Geht auch er davon aus, dass die eigentlichen Verbrechen im ganz normalen Alltag geschehen? Zumindest in seinem Werk gibt es Anzeichen für diese Ansicht, so zum Beispiel in *Stiller*. Dort heißt es, es gebe eigentlich keinen Menschen, der nicht durch ein Lächeln oder auch durch ein Schweigen umzubringen sei. Und weil die Menschen die alltäglichen, geradehin geschehenden

Morde nicht sähen, deshalb bräuchten sie die großen sichtbaren Morde. Es ist offensichtlich, dass Bachmann und Frisch in die gleiche Richtung fühlen und denken, wenn man ihre Äußerungen zum ihrer Meinung nach ganz normalen mörderischen Zusammenleben von Menschen vergleicht. Sie haben beide ein feines Sensorium für die ausgeklügelten und nicht weiter kommentierten Grausamkeiten des Alltags und gestalten das auch in ihrem Werk. Irgendwie leben Bachmann und Frisch schon immer in der Meinung, die Welt sei ein Mordschauplatz ganz eigener Art. Und wenn man diesen Faden weiterspinnt, ergibt sich zwangsläufig dieser kriminalistische Aspekt auch in Hinsicht auf die Liebesbeziehung Bachmann-Frisch. Denn die beiden sind Teil der mörderischen Gesellschaft.

Auch in das Schreiben des Paars haben Elemente des Kriminalromans Eingang gefunden. Sie schreiben sogar ihre sehr spezielle Art von Kriminalliteratur, die ausgeht von der auf die Spitze getriebenen Einsicht, dass die Gesellschaft als solche ein Mordschauplatz ist.

Aus dieser extremen Sichtweise heraus entwickeln sie Aspekte ihrer Geschichten, Stücke, Hörspiele. Bachmann und Frisch sind Zündler: Sie legen Feuer im Wissen, dass es sie erwischen kann, dass sie womöglich selbst verbrennen. *J'adore ce qui me brûle* heißt ein früher Roman von Frisch: Ich bete das an, was mich verbrennt. Und Ingeborg Bachmann zitiert in einem Interview mit Dieter Zilligen Gustave Flaubert: »Mit meiner verbrannten Hand schreibe ich über die Natur des Feuers.« Bachmanns Deutung dieses Satzes lautet, dass man erst dann über das Feuer sprechen könne, wenn man sich die Hand verbrannt habe. Feuer also, wohin man schaut, aber eben nicht nur bei Ingeborg Bachmann. Max Frisch hat eine nicht minder starke Affinität zum Feuer. Nachdem er beschlossen hatte, Architektur zu studieren, verbrannte er alles bislang Geschriebene und versuchte damit, den Schriftsteller in sich mit Gewalt abzutöten, inszenierte eine Art pathetischen Dichterfeuertod. In seinem Stück *Biedermann und die Brandstifter* wird das Spiel mit dem Feuer weiter intensiviert, hier geht die gesamte heuchlerische Ordnung in Flammen auf.

Was sich nicht einordnen will, versucht man loszuwerden. Immer geht es im Leben auch darum, Ordnung zu schaffen, Sicherheit herzustellen. In einer von Bachmanns Erzählungen aus *Das dreißigste Jahr*, erschienen 1961 und in der Zeit mit Max Frisch endgültig ausgearbeitet, ist es die Kunst, verkörpert in der Nixe Undine, die für die Menschen eine Gefahr darstellt, vor der sie sich fürchten, die sie loswerden wollen, vor der sie fliehen, die sie allerdings auch immer wieder sehnsüchtig erwarten. Niemals gibt man ihr eine Herberge in den eigenen vier Wänden. Aber wirklich gefährliche Gestalten, Mörder womöglich, Brandstifter, lässt man ein- und ausgehen im eigenen Haus. Hans, der Undine ruft und sie dann verlässt, das ist der Biedermann, wie Moll aus *Das dreißigste Jahr* Biedermann ist, und die Menschen legen gern fest und mögen es, wenn es ordentlich zugeht, und schicken die Kunst ins Wasser, auf dass sie für immer untergehe und man sie nur noch von Ferne begehrt. In Max Frischs Theaterstück *Andorra* geht die Gefahr für die bestehende Ordnung vor allem von der Senora aus, denn auch sie kommt von außerhalb, ist eine Fremde. Bei den Fremden weiß man nie, was sie im Gepäck haben. Sie sehen anders aus, bewegen sich anders, sprechen in Rätseln. Sie heißen zum Beispiel: die Senora oder Undine. Es kann sich um eine Frau handeln oder vielleicht auch um die Kunst. Alles Theater, alles Spiel, alles Fiktion, könnte man sagen, aber auch in der Realität außerhalb des Theaters geht es, will man Bachmann und Frisch glauben, um nichts anderes: Niemand soll seinen angestammten Platz verlassen, alle haben zu bleiben, wo sie sind. Die Gesellschaft wird zum Mordschauplatz für all diejenigen, die sich wehren, das System verlassen und ihren eigenen Weg einschlagen wollen.

Ingeborg Bachmann rückt in ihrer Arbeit noch näher an die mörderische Alltagswirklichkeit heran, indem sie in den zwischen dem Sommer 1954 und dem Herbst 1955 verfassten *Römischen Reportagen* unter dem Pseudonym Ruth Keller über die politischen und gesellschaftlichen Verhältnisse in Italien berichtet und vor allem mysteriöse Todes- und Skandalgeschichten schildert. Ein Indiz für das große Interesse, das die Autorin der Reportagen diesen skandalträchtigen Vorkommnissen entgegenbringt, ist die Detailgenauigkeit, mit der sie berichtet. Nichts, was recherchiert werden kann, wird ausgelassen. Und es liest sich dennoch, als wäre es Fiktion. Der Übergang ist fließend, von den Reportagen zur Erzählung *Unter Mördern und Irren* aus *Das dreißigste Jahr* zum Beispiel. Da wird erzählt von den Ehefrauen, die abends aus Langeweile früh ins Bett gehen, während ihre Männer die Stammtische der Stadt bevölkern. In ihren Träumen ermorden diese Ehefrauen ihre Männer, schenken ihnen langsame oder schnelle Tode, beweinen ihren Tod und weinen schließlich über sich selbst. Und dann erscheinen die Männer in höchsteigener Person, wie sie reden und lachen an den Stammtischen. Da ist manch einer unter ihnen, dem nichts eine größere Freude bereitet als die Geschichten von Mord und Totschlag. In Ingeborg Bachmanns Erzählung heißt einer Hutter, und er lacht ganz laut, wenn jemand ermordet wird. Außerdem taucht plötzlich ein anderer Mann auf, ein Unbekannter, der bekennt, er fühle sich als Mörder, konnte aber nicht einfach schießen im Krieg auf die Polen oder die Russen. Er unterscheidet den Kriegsschauplatz vom Mordschauplatz und gesteht, dass er mit dem Kriegsschauplatz nichts anfangen kann, auch nichts mit der Sprache des Krieges, mit Wörtern wie »ausradieren«, »ausräuchern«, weil es sein Schicksal sei, ein Mörder zu sein. Eine rätselhafte Geschichte, ein Spiel mit Mord und Krieg, Ehre, Feigheit, Zufall und Schicksal. Irr sind sie allesamt, diese Männer, wahnsinnig und bereit zu allerlei Schandtaten. In den Gedanken und Träumen ihrer Frauen sterben sie selbst tausend Tode, aber sie werden betrauert, und so leben sie fort in der Trauer derer, die ihnen den Tod wünschten.

Genauso minutiös wie Bachmann stochert Frisch in den Eingeweiden der Mordgesellschaft herum, wenn er in seinem Theaterstück *Biedermann und die Brandstifter* erzählt, wie die Brandstifter sich immer penetranter einnisten im Haus des »Gastgebers«. Dass er Bachmann in Paris davon abgeraten hat, sein Stück anzuschauen, war nicht ganz ernst gemeint, denn es ist wie geschrieben für sie. Ihr hätte solch eine Geschichte auch einfallen können. Das raffinierte Spiel zwischen Wahrheit und Lüge, Offenlegen und Verstecken, hätte ihr Vergnügen bereitet. Hätte Frisch sie damals bereits besser gekannt, hätte er ihr den *Biedermann*-Theaterabend vielleicht nicht ausgeredet.

Wo fängt das Kriminalistische an im Grenzgebiet zwischen Leben und Schreiben, und woraus zieht es seine Sprengkraft? Wo lauern die Verbrechen, und wer begeht sie? Wie ist das Verhältnis von Opfern und Tätern?

Mehr noch als das rein Kriminalistische interessiert Bachmann und Frisch aber die Suche nach der Wahrheit, die Frage, um welche Wahrheit es im Einzelfall geht. Verbrechen zeigen immer Grenzüberschreitungen an, und die Suche nach der Wahrheit ist im Kern ebenfalls eine Grenzüberschreitung, weil man weiß, dass man ihrer nicht habhaft werden kann und dass es stets nur Annäherungen gibt. Schreiben ist Experimentieren mit Methoden der Wahrheitsfindung.

Ingeborg Bachmann und Max Frisch: an kriminalistischen Themen interessiert, immer auf der Suche nach spektakulären Fällen, die in der Nähe zu finden sind. Aber nicht aus reinem Kunstinteresse, sondern aus dem Wissen heraus, dass es schrecklich zugeht im Alltag der Menschen. Mörder sind mitten unter uns, in jeder Stadt findet man sie. Das Verbrechen liegt in der Luft, schwelt im Untergrund, ist allgegenwärtig, ein nicht zu bekämpfendes Virus. Mord ist keine Kunst, er ist etwas Natürliches, Alltägliches. Und wenn die Kunst sich der so selbstverständlich geschehenden Morde annimmt, schreibt sie wahr.

Dieser etwas ausführlichere Exkurs über das Kriminalistische in der Literatur Bachmanns und Frischs: ein Umweg? Oder nicht doch vielmehr ein beängstigendes In-die-Nähe-Kommen zum Atmosphärischen im Leben des Liebespaares Bachmann und Frisch? Das Virus Verbrechen ist in der Luft, bevölkert die Geschichten und die Wirklichkeit dieser Beziehung. Frisch lauscht, wenn Bachmann mit einem Mann telefoniert, er liest Briefe, die sie erhält und die definitiv nicht an ihn gerichtet sind.[6] Indizien, Beweise, aber wofür? Untreue, Verrat? Ein Brief ist von einem Mann, der ihr offenbar die Ehe anträgt. Frisch fragt, was das solle, sie antwortet, falls sich etwas ändere in ihrer Beziehung, werde sie es sagen. Im Gegenzug bricht Bachmann eine Schreibtischschublade Frischs auf und vernichtet sein Tagebuch, als er mit Gelbsucht in der Klinik liegt. Sie, der es immer wieder darum geht klarzumachen, wie lebenswichtig es ist, das Briefgeheimnis zu wahren. Und das Tagebuchgeheimnis? Wie steht es damit? Wie inkonsequent ist es, fremde Briefe nicht zu öffnen, das intime Tagebuch eines anderen Menschen aber einfach so zu lesen und sogar zu vernichten? Ist dies nicht eine Art Mordversuch Ingeborg Bachmanns an einem Aspekt des Mannes an ihrer Seite? Plötzlich sind wir fast in einer Szene aus einem Kriminalroman gelandet, und der Fall, der zur Verhandlung steht, betrifft die Liebesbeziehung eines Schriftstellers und einer Schriftstellerin.

Auch im Zentrum jeder Kriminalgeschichte steht immer die Frage nach der Wahrheit. »Warum? Warum? Haben wir den Mörder gefragt, aber er konnte nur sagen, daß es so war und wie es war. Nur mit der Tat kam die Wahrheit blutig daher, mit der Axt, mit dem Messer, mit der Schusswaffe. Mit tausend Kleinigkeiten kam sie daher. Auf die Frage ›Warum‹ kam sie nicht daher geschossen. Da hat ein ganzes erfahrenes Gericht sich zu deuten bemüht, damit da eine Wahrheit daherkommt. Aber dieses Weges kommt einfach nichts.«[7] So spricht Wildermuth, eine der spannendsten Männerfiguren Ingeborg Bachmanns. Es geht um innere und äußere Wahrheit, um höhere Wahrheit, um Tatsachenwahrheit, um die Wahrheit der Gesetze. Wildermuth kennt keine andere Leidenschaft als die, die Wahrheit zu ergründen. Und steht doch immer wieder da mit leeren Händen, leerem Herzen und einem Hirn, das sich fast zu Tode denkt. Denn die Wahrheit ist immer weiter als die Menschen, die ihr nachspüren, sie ist unterwegs und hält nicht inne, macht keine Pause, damit wir mit ihr den Tisch und das Bett teilen könnten.

Die Wahrheit einer Beziehung, einer Liebe, entzieht sich, und je intensiver die Beziehung ist, desto rätselhafter bleiben die Liebenden füreinander. »Ich sah in ihr Gesicht, wie ich sonst nie jemand ins Gesicht gesehen habe, sah sie an, als würde ich nie mehr wegschauen können, und sie sah mich an, ebenso endgültig.«[8] So wie Frisch es später in seinem Stück *Triptychon* darstellt, könnte es gewesen sein am Anfang seiner Beziehung mit Bachmann. Und der Blickkontakt bleibt bestehen, über die Trennung hinaus.

Endgültig und doch mit offenem Ausgang, das gilt auch für die Liebesgeschichte Bachmanns und Frischs. Was ihre Umgebung wahrnimmt, was Freunde glauben, sehen zu können, sind Axt und Messer, ist Blut, sind die tausend tödlichen Kleinigkeiten. Auch in dieser Kriminalgeschichte aber kommt die Wahrheit nicht dahergeschossen, wenn nach dem Warum gefragt wird. Mit den Tatsachen ist jederzeit gut argumentieren, die Wahrheit aber hat sich dezent verabschiedet.

Immer wieder in dieser Liebesgeschichte hat es sich gezeigt, wie eng die reale Beziehung von Ingeborg Bachmann und Max Frisch verwoben ist mit ihren Liebesentwürfen. Dass die Liebe als ekstatischer Zustand verhindere, dass man die Welt mit den Augen der anderen sehen könne[9], sagt Ingeborg Bachmann. Und Max Frisch lässt seinen Roger in *Triptychon* davon schwärmen, was es heißt, als Paar die Welt umzudenken. Man sei dann in gewisser Weise unverletzlich, denn die Welt könne einem nichts mehr antun, auch wenn sie sich stoße am Übermut der Liebenden.

Max Frisch wollte mit Ingeborg Bachmann zusammen die Welt umdenken, die Liebe neu erfinden, überhaupt neu sein und immer eine wunderbare Zukunft im Blick haben. Nun bleibt ihm das von seiner Liebe zu Bachmann, was das Gedächtnis aufbewahrt hat, woran es arbeitet, was es irgendwann freigeben wird. Die Zukunft seiner Liebe zu Ingeborg Bachmann heißt Erinnerung, konkrete und in Fiktion verwandelte.

Ingeborg Bachmann suchte in ihrer Beziehung zu Max Frisch die ekstatische Liebe und einen Halt in der Welt.

Sie hat nun beides verloren: den Glauben an die Liebe und die Möglichkeit, in der Welt heimisch zu werden. Auch ihr bleiben bloß die konkrete Erinnerung und die Gestaltung der Beziehung im Werk.

Die Nachgeschichte(n)

Das ist es, was ich treibe: Ich rede mit einer Toten.[1]

Aber nicht nur Frisch und Bachmann schreiben weiter an der Geschichte ihrer Liebe. Auch andere tun es, Freunde, Literaturwissenschaftler.

Schließlich habe sich dieser Max Frisch, der Ingeborg Bachmann manchmal »Mädchen« nannte, erlaubt, mit einem noch jüngeren Mädchen durchzubrennen, und er habe seinen Arm besitzerstolzen Blickes um sie gelegt mit seiner Pfeife im Mund, berichtet Hans Werner Henze in den *Reiseliedern*. Auch Henze gehört zu denen, die an der Nachgeschichte schreiben. Will man seiner Interpretation glauben, so ist weniger die Tatsache das eigentlich Skandalöse, sondern das »Wie«. Der fliehende Wechsel, der rasante Austausch einer Frau durch eine andere. Es kommt unerwartet, Ingeborg Bachmann hat es sich nicht träumen lassen, dass sie so schnell ersetzt würde durch eine noch Jüngere, eine, die nicht schreibt, keine Dichterin, ja nicht einmal eine Künstlerin, sondern einfach eine hübsche, fröhliche Studentin. »Sie kennt Marianne und hat mit ihr gesprochen wie eine große Frau.«[2] So erzählt Frisch es sich selbst und seinen Lesern in *Montauk*. Aber was genau heißt das: sprechen wie eine »große Frau«? Meint Frisch, Ingeborg Bachmann habe sich benommen wie eine erwachsene

Person einer viel jüngeren gegenüber: verständnisvoll, einsichtig? Macht sich Frisch mit einem solchen Satz nicht selbst etwas vor, versucht sich zu beruhigen über etwas, das nicht zu beruhigen ist? Man kann wie Erwachsene miteinander sprechen und sich doch wie ein kleines Mädchen fühlen, hilflos, ausgesetzt, traurig. Diese Marianne, sie ist sympathisch, aber sonst? Bachmann kennt sie nur flüchtig, wie also soll sie ihr als eine »große Frau« entgegentreten? Glänzend zu erscheinen fällt ihr nicht schwer, das »Große« ist die Robe, und darunter?

Frisch erfindet die Person Ingeborg Bachmann weiterhin, als sei er noch immer mit ihr zusammen. Er erfindet zwei Frauen, die eine, die Verlassene, und die andere, die unbekannte Neue. Er tut so, als könne ein Neuanfang helfen, als brauche er nur den Arm um eine prickelnd fremdartige, sehr junge Schulter legen und alles werde gut. Er ist besessen von der Erfindung dieser neuen Frau namens Marianne. Und sie, Marianne, lässt sich ein auf ihr Erfundenwerden. Es gefällt ihr, gewonnen zu haben gegen eine wie Ingeborg Bachmann. Es ist wie ein Rausch. Der berühmte Schriftsteller Max Frisch verlässt die berühmte Dichterin Ingeborg Bachmann, um mit ihr zusammen zu sein. Marianne Oellers kennt und schätzt die Werke Frischs, aber sie tappt im Dunkeln, was den Mann Max Frisch betrifft. Sie kennt nicht sein lebenslang unstillbares Bedürfnis, eine Frau an seiner Seite zu haben. Die Frau dient ihm als Garantin für die Möglichkeit, in der Gegenwart zu sein. Das Leben mit Ingeborg aber, das war fast nie reine Gegenwart, das war immer Zukunftsmusik, Utopie, das Unerreichbare, das unendliche Ziel und wird in Ingeborg Bachmanns Roman *Malina* heißen: »Ein Tag wird kommen.«

Deshalb, weil Frisch gegenwartssüchtig ist, nun also Marianne Oellers? Deshalb und weil er dem Beziehungswirrwarr der letzten Jahre entkommen möchte, entscheidet er sich jetzt für eine Frau, die ihr Leben nicht dichtet, nicht permanent alles hinterfragt, sondern sich erfreuen kann am schlichten Dasein im Augenblick. Eine, bei der nicht in jedem Moment die Angst lauert vor Verstörungen, Verwirrungen, falschen Sätzen. Eine, mit der Frisch einfach nach Amerika fliegen kann, ohne sich vor dem *Guten Gott* fürchten zu müssen, weil diese neue Liebe nicht mit dem Anspruch auftritt, die bestehende Ordnung zu stören, das Absolute in der Liebe erreichen zu wollen. Der bürgerliche Frisch, er muss heraus aus dem Drama einer Liebe, in dem er nicht Herr sein kann und nicht Knecht sein will. Frisch schiebt den Bürger vor und lässt den Dichter zurück. Der Bürger soll es richten und den Schriftsteller und Mann aus diesem nicht mehr endenden Beziehungschaos herausbringen. Max Frisch bleibt in der Welt, er verbindet sich, nachdem er fast aus der Welt herausgefallen wäre, wieder intensiv mit ihr, indem er eine neue Liebe findet, eine neue Beziehung eingeht.

Und Ingeborg Bachmann? Sie bricht zusammen, liefert sich selbst im November 1962 in die Bircher-Benner-Klinik in Zürich ein. Möglicherweise ist der Grund nicht nur ein psychischer Zusammenbruch, sondern auch eine Abtreibung. In einem Brief an Henze vom 4. Januar 1963 spricht sie von einer »Operation«[3].

Ingeborg Bachmann wird sich nicht mehr erholen

von dieser Katastrophe. Sie flüchtet nicht in eine scheinbare Leichtigkeit. Das liegt ihr nicht, dafür fehlt ihr die Begabung. Einmal besucht Frisch sie, bewundert den herrlichen Blumenstrauß in ihrem Krankenzimmer. Sie erzählt von einem Mann, der ihn ihr geschenkt habe. Es stimmt nicht, es gibt diesen Mann nicht. Jeden Tag schenkt Bachmann sich 35 Rosen. Sie will es ein letztes Mal versuchen, Frisch zurückzuholen, die alte Eifersucht noch einmal zu entfachen. Sie vertraut auf die Macht der Erfindung. Aber Frisch ist bereits weit weg. Er fliegt mit Marianne Oellers in die USA zur Premiere von *Andorra*, die im Februar 1963 stattfinden wird, und dann geht die Reise weiter nach Mexiko. Kurze Zeit nach der Entlassung aus der Klinik schreibt Bachmann am 4. Januar 1963 an den Freund Hans Werner Henze. Max Frisch sei schuld, und sie habe nie geglaubt, dass er sie verlassen könnte wegen einer jungen Studentin. Es sei die größte Niederlage ihres Lebens. Sie sei nicht eifersüchtig, habe weit eher versucht, so etwas wie Normalität in ihr Leben zu bringen, aber wahrscheinlich liege das außerhalb ihres Möglichkeitsspielraums. Bachmann bittet Henze inständig, ein paar Tage mit ihr zu verbringen, sie brauche es wie nichts sonst. Henze hingegen ist wie immer der Überzeugung, wenn etwas helfe, dann sei es die kontinuierliche Arbeit. Dann könne man sich selbst »ignorieren«. Er täuscht sich.

Auch in Frischs schriftstellerischer Arbeit, die weiterhin trotz der Beziehung zu einer schönen jungen Frau die stärkste Kraft in seinem Leben bleibt und in die hinein alles Erfahrene sich verwandelt, bleibt die Phase mit Ingeborg Bachmann präsent. Frischs Schreiben hat sich verändert durch die Konfrontation mit der Dichterin. Das Bewusstsein wird auch in seinem Werk mehr denn je zum Schauplatz des Geschehens. Frisch schreibt in Rom einen Roman, der in Zürich spielt. Bachmann schreibt in Rom einen Roman, dessen Schauplatz Wien ist. Für beide Autoren sind ihre Heimatstädte zu Bewusstseinsorten geworden. Es wäre fatal, in den Arbeiten Frischs und Bachmanns aus der Zeit ihrer Liebesbeziehung und aus der Zeit danach immer wieder das Gegeneinander entdecken zu wollen, darin Angriffe und Racheakte zu erblicken und zu übersehen, dass, indem der reale gemeinsame Weg abbricht, er in der Fiktion weitergeht. Das Gespräch, das nicht nur ein Streitgespräch ist, wird fortgeführt.

Max Frischs Arbeitsweise, sein Stil, die Perspektive, aus der heraus er schreibt, das alles hat sich von *Stiller* bis *Gantenbein* entwickelt vom »Ich bin nicht…« zu einem »Mein Name sei…«. Der Weg führt vom Wunsch, Identität aufzubrechen, hin zur Erfindung des eigenen Ichs in andere Identitäten hinein. In einem Brief an den Piper Verlag, in dem der Erzählzyklus *Simultan* thematisiert wird, schreibt Ingeborg Bachmann: »Und Miranda bin ich und Beatrix bin ich und Elisabeth bin ich, und Madame Bovary bin ich. Eine andere Antwort gibt es nicht für einen Schriftsteller.«[4] Mein Name sei Miranda, mein Name sei Beatrix, mein Name sei Emma Bovary, mein Name sei Gantenbein. Damit wird alles vordergründig Autobiografische durchbrochen, denn es ist ein großer Unterschied, ob es darum geht, eine literarische Figur mit dem schreibenden Ich in Verbindung zu bringen, oder ob das schreibende Ich sich in seine Figuren hineinverwandelt beziehungsweise -erfindet. Auch wenn Ingeborg Bachmann sich beschwert darüber, in der Figur der Lila Eingang in Frischs Gantenbein-Roman gefunden zu haben, weiß sie es in Wirklichkeit besser. Eine direkte Übertragung realer Personen in ein fiktives Geschehen gibt es nie. Niemand drückt das klarer aus als Ingeborg Bachmann selbst. Aber in ihrer Verletzung sucht sie nach Gründen, nach Indizien für eine Indiskretion Frischs.

Die Nachgeschichte der Beziehung zwischen Ingeborg Bachmann und Max Frisch, hat sie nicht bereits viel früher begonnen? Ragt nicht in diese Liebesgeschichte, die sich von Anfang an weit in die Zukunft hineinentworfen hat, auch immer schon eine Art Nachgeschichte? Liegt vielleicht die immense Intensität gerade darin begründet, dass diese Liebe, indem sie sich wieder und wieder erzählt hat, immer schon über sich hinaus war? Sind Ingeborg Bachmann und Max Frisch in ihrer Liebe jemals wirklich einfach gegenwärtig gewesen? Als Frisch Ingeborg Bachmann in seinem ersten Brief erfand als »die andere Seite, die Frau, die sich ausdrückt«[5], als die Frau, die Philosophie studierte, über Wittgenstein geschrieben und über Heidegger promoviert hat, hat er übersehen, dass diese Ingeborg Bachmann sich selbst lange schon auch als eine Unglückliche erfunden hatte, als eine, der nicht zu helfen ist, deren Lieben immer tragisch enden, als eine, die das, was sie mit dem Begriff Faschismus benennt, als das Erste in der Beziehung eines Mannes und einer Frau für sich erkannt haben will, die der Meinung ist, dass alle Menschen überall und in jeder Hinsicht aneinander vorbeireden und dass, wer liebt, in die tiefste Einsamkeit geht.

Aber Ingeborg Bachmann hat sich auch entworfen als Frau, die vom Poetischen in der Liebe träumt, die an einer Utopie der Liebe arbeitet und die mit großer ironischer Begabung mit den anderen und sich selbst umgeht. Chance und Fluch dieser Liebe war es, dass von Anfang an, vom Beginn der realen Geschichte bereits an der fiktiven Nachgeschichte geschrieben wurde. Leben und Schreiben waren nie zu trennen, die ganzen Jahre des Zusammenlebens hindurch nicht.

Und die eigentliche Nachgeschichte: Ist sie nicht genauso spannend wie die real gelebte Beziehung? Oder zeigt sich in der Nachgeschichte vielleicht erst wirklich, wieso diese Liebe eine »notwendige« war? Hätten *Malina, Der Fall Franza, Holozän, Triptychon* geschrieben werden können ohne die Erfahrungen, die Bachmann und Frisch miteinander machten? Erfahrungen, die nicht eins zu eins aufzurechnen sind. Es wären andere Werke entstanden.

Die Literaturwissenschaftlerin und profunde Frisch-Kennerin Beatrice von Matt erzählt, wie sie Frisch kurz vor seinem Tod besuchte und ihm erzählte, der dritte Akt von *Triptychon* werde am 15. Mai zu seinem 80. Geburtstag im Schauspielhaus gespielt. Er soll sich über diese Ankündigung sehr gefreut haben.[6] Weil er am Ende seines Lebens weiß, es auch schon lange vorher, seit der Trennung von Ingeborg Bachmann wusste, dass diese Geliebte zu der Vergangenheit gehören würde, die keine Gegenwart jemals vergessen machen kann. Eine wie Ingeborg Bachmann wird er nie von außen betrachten, auch nicht zehn Jahre nach der Trennung. Max Frisch soll Menschen verbraucht haben, so berichten Zeitgenossen und Freunde.[7] Ingeborg Bachmann gehört zu den Menschen, die Frisch nicht verbraucht hat, aber um über diese Liebesbeziehung hinwegzukommen, mag er möglicherweise andere Frauen verbraucht haben. Neue Anfänge sollten den Verlust vergessen machen. Denn wie will Frisch aus dem totalen Liebes-Ausnahmezustand in die Normalität zurückkehren können? Nur durch eine Beziehung zu einem »normalen« Menschen. Frisch ist für ein paar Jahre ein Exilierter in der Welt der Normalen gewesen, herausgerissen, seinen bürgerlichen Wurzeln entfremdet. Einer Ingeborg Bachmann gerecht zu werden: Für Frisch hat es sich als unmöglich herausgestellt. Er sehnt sich auch nach unverkrampfter Fröhlichkeit, nach Einfachheit, nach einem neuen Anfang, einer harmonischen Beziehung. Und er will sich nicht weiterhin zurückstellen müssen wie in den Jahren der Liebe zu Ingeborg Bachmann.

Sich blind zu stellen, das gehört ab jetzt zu seinem Leben dazu. Nur als Blinder kann er leichten Schrittes an der Seite seiner neuen, schönen, jungen Begleiterin gehen. So tun, als ginge ihn das Elend Ingeborg Bachmanns nichts an. Als erinnere er sich nicht an den gemeinsamen Entwurf einer Liebesutopie, einer neuen Sprache. Oder vielleicht doch, in Momenten, wenn er zum Beispiel bekennt, das Ende hätten sie beide nicht gut bestanden. Das Ende, ja, aber wie steht es um den Rest? Wie war es am Anfang? Frisch, der sehr schnell entflammt war, und Ingeborg Bachmann, die zögerte, aber sich dennoch hingezogen fühlte zu Frisch, auch wenn sie immer wieder betonte, sie wisse nicht, wie dieser Zustand zu nennen sei, welchen Namen sie dem Gefühl geben müsse. In ihrem gemeinsamen Ringen um Stabilität, in ihrem Mut vor allem, in eine gemeinsame Wohnung zu ziehen, kann man sagen: Den Anfang haben sie ganz wunderbar und auf sehr besondere Weise bestanden, und zwischen Anfang und Ende lag immerhin der Versuch, so etwas wie ein erstes Paar zu sein.

Und nun: Sich blind stellen, aber doch sehend sein. So tun als ob. Wie Miranda in Bachmanns Erzählung *Ihr glücklichen Augen*, wo es darum geht, was passiert, wenn man an einer »Zerrsichtigkeit« leidet. »Mein argloser Engel«, so nennt Josef seine Miranda, denn er hat eine andere, er ist untreu, und die Geliebte merkt es nicht. Argloser Engel, so hätte Frisch Ingeborg Bachmann auch nennen können, nachdem die Beziehung mit Marianne Oellers begonnen hatte. Zerrsichtig war sie bestimmt. Und jetzt ist ihr alles durcheinandergeraten, die ganze Welt verseucht, von Unrat überhäuft. Am besten, man wirft die Brille weg, lässt sie ins Waschbecken fallen, verlegt sie, damit man nicht sieht, was passiert. Aber man sieht ja doch.

Ingeborg Bachmann stirbt mit 47 Jahren, Max Frisch wird 80 Jahre alt. Er überlebt die frühere Geliebte um 18 Jahre. Max Frisch stirbt eines natürlichen Todes, Ingeborg Bachmann nicht. Von Bachmann haben wir kein eigentliches Alterswerk, von Frisch sehr wohl. Er muss sich dem aussetzen, was sich dem Blick des alten Mannes bietet. Und dieser ist grundsätzlich anders als der Blick, den man in jungen und mittleren Jahren auf die eigene Biografie wirft. Wenn einer Schriftsteller ist, gilt das allemal. »Wenn ein Gedächtnis plötzlich allein auf der Welt ist – das wird nochmals eine Geschichte, Francine, eine andere. Mein Bedürfnis, im Recht zu sein, ist weg, seit du gestorben bist, und plötzlich gibt das Gedächtnis ganz andere Dinge frei, wenn ich dich vor mir sehe.«[8]

Die männliche Hauptfigur aus dem Dritten Bild von Frischs Theaterstück *Triptychon* spricht diese Sätze. Aber diese Figur, Roger, drückt aus, was Frisch jetzt im Alter zu denken wagt: Dass die Arbeit des Gedächtnisses anders mit einer Lebenden umgeht als mit einer Person, die schon lange tot ist. Die Arbeit des Gedächtnisses verändert sich. Vom Zeitpunkt der Trennung von Ingeborg Bachmann an ist Frisch einer, der auch aus dem Gedächtnis schreibt. Und gerade dann, wenn er wie nie sonst in der Gegenwart zu sein scheint, kommt ihm die Vergangenheit dazwischen. Durch die Trennung haben beide sich den Weg in die Zukunft abgeschnitten, auf unterschiedliche Weise. Marianne Oellers hat einen Mann an ihrer Seite, der so tut, als gäbe es noch eine Zukunft für ihn. In Wirklichkeit aber arbeitet er sich an der Vergangenheit ab und wird bis zu seinem Tod mit dieser Arbeit beschäftigt sein. Marianne Oellers und andere, vor allem jüngere Frauen, lenken für Momente ab, bringen eine Leichtigkeit in sein Leben, die er braucht. Denn auch er ist gefährdet. Max Frisch ist nicht ein ewig »Gesunder«, auch er ist verletzt, ein tief verwundeter Grenzgänger.

Die eigentliche Nachgeschichte für Frisch, sie heißt auch: Berzona. Sie heißt Tessin, ein Rustico, Steine, Felsen, Gebirge, Stille, Garten. Ein Haus instand halten, immer wieder am Haus selbst und im Garten arbeiten, Tischtennis und Boccia spielen, Gäste bewirten, wandern mit dem Rucksack auf dem Buckel. Im Rucksack etwas zu essen und eine Flasche Weißwein.

Einerseits sind da die Begegnungen mit Frauen, ein enges Zusammenleben, vielleicht in einer Ehe. Aber diese Beziehungen garantieren kein Zuhause. Es mag Versuche gegeben haben, es mag Versuche geben, immer wieder, eine Art Zuhause zu schaffen. All diese Versuche scheitern über kurz oder lang. Max Frisch hat das erfahren. Und das Für-immer-Gefühl, das sich einstellt, sobald eine Beziehung den Anfang hinter sich hat, artet schließlich aus in Langeweile, Festlegung, Erstarrung, Misstrauen, Eifersucht. Das Empfinden von Dauer aber, das ein Zuhause bieten sollte, ist etwas anderes. Geborgenheit klingt klischeehaft, ein wenig sentimental auch, auf jeden Fall altmodisch, nennt jedoch ziemlich genau das, was Frisch sucht und in Berzona gefunden hat: Geborgenheit in der Fremde. Denn Frisch ist ein Fremder in dieser Gegend, obwohl sich Berzona in der Schweiz befindet. Zwischen Zürich und Berzona liegt eine kleine Weltreise.

Es ist Frisch am liebsten, wenn man ihn hier nicht erkennt, was nicht heißt, dass niemand ihn kennen soll. Nur die Rolle des berühmten Schriftstellers, die will er an diesem Ort nicht spielen müssen. Man spricht Italienisch, das Südländische ist spürbar, die Nähe zum Meer, mitten in den Bergen. Als Kanonier war Frisch zum ersten Mal in dieser Gegend und wusste, hierher möchte er einmal zurückkommen, nicht als Soldat, sondern in friedlicheren Zeiten. Es ist eine Gegend, von der er weiß, sie kennt ihn, sie wird ihn jederzeit wiedererkennen, denn sie ist hellsichtig, wenn es um die menschliche Einsamkeit geht. Diese Landschaft und die allergrößte Einsamkeit, sie gehören zusammen. Frisch liebt die Landschaft. 1969 schreibt er in sein Tagebuch: »Winter südlich der Alpen: Schneewasser rinnt über Granit, der durch die Nässe violett-schwarz wird; dazwischen das verwelkte Farnkraut, Stämme von Birken, Schnee auf den Höhen, darüber Mittelmeer. Auf Wanderungen trifft man jetzt keinen Menschen, ab und zu ein paar Ziegen; die Bäche sind vereist, aber an der Sonne ist es warm. Nirgends kann es jetzt schöner sein.«[9]

Die dauerhaftesten Lieben entwickelt er seit je zu Orten und Landschaften. Niemals haben Landschaften für Frisch etwas Objektives, dem er sich lediglich gegenübersieht. Im Gegenteil: Er begegnet ihnen wie anderen Subjekten, Freunden fast. Und immer dann, wenn er Landschaftliches entdeckt, und sei es inmitten einer Weltmetropole, wird sein Schreiben poetisch. Die Ehen mit verschiedenen Gegenden schließt Frisch auf Dauer, und sie halten.

Jetzt, nach der Trennung von Ingeborg Bachmann, wo es wie damals im Jahr 1939, während seiner Phase als Kanonier, ums Überleben geht, erinnert er sich an seine frühe Liebe zum Tessin. Aber nicht nur auf ein Weiterleben hofft er, sondern auch darauf, weiterarbeiten zu können. Auch an seiner Beziehung zu Ingeborg Bachmann, die für ihn in diesem Moment den Charakter einer Katastrophe hat. Zu leben in einer Gegend, die aufgeht in ihrem Natursein, fern aller menschlichen Katastrophen, ist das, was Frisch mehr denn je nötig hat. Er wohnt hier zusammen mit einer Frau, die ihm Ruhe verbürgt, die ihm freundlich zur Seite steht, gemeinsam mit ihm Entscheidungen über die Gestaltung des Hauses, die Einrichtung, die Fassade, den Garten, trifft. Die ihn nicht quält mit ihrem Kampf um die Schrift, um Worte und Sätze, die Bestand haben könnten. Dass auch diese Beziehung nicht frei sein wird von Brüchen, Streitereien, Eifersucht, und dass auch sie schließlich enden wird, ahnt er noch nicht. Er wagt sogar noch einmal eine Ehe und heiratet im Jahr 1968 Marianne Oellers. Auch für sie ist die Ehe mit dem Abenteurer Frisch natürlich ein Wagnis.

Keines der Werke von Bachmann und Frisch, die nach dem Ende der Beziehung entstanden sind, wäre denkbar ohne das weit über die Trennung hinaus geführte Gespräch. Explosiv und gleichwohl radikal poetisch, so könnte man die Werke Bachmanns und Frischs aus der Zeit nach der Trennung charakterisieren. Frischs *Manifest zur Poesie* von 1981, *Holozän*, *Blaubart*, *Triptychon*, Bachmanns *Todesarten* und die späten *Gedichte* sind Zeugnisse eines einmaligen literarischen Gesprächs.

»Das Ende haben wir nicht gut bestanden«[10] und »Es war Mord«[11]: Sätze, die nur scheinbar ein endgültiges Ende markieren. Kein Punkt, kein Schlussstrich. Sondern: Der letzte Satz ist ein erster Satz, und auf das Ende folgt ein neuer Anfang. »Die Poesie wahrt die Utopie«[12], schreibt Frisch, und Utopisches wird auch noch im grauenhaften letzten Satz von *Malina* bewahrt. Denn auch wenn die Liebe ermordet wird, wenn schließlich kalte Rationalität siegt, wird das Gespräch weitergehen, jenseits der dicken Mauerwände. Würde Ingeborg Bachmann sehen und hören, was erzählt wird über sie und Max Frisch, welche Gerüchte im Umlauf sind, sie würde widersprechen, auch den eigenen Sätzen. Ihre Beziehung war ein Unglück und ein Glück.

Die Nachgeschichte zur Liebes- und Arbeitsbeziehung von Ingeborg Bachmann und Max Frisch ist auch die Geschichte der Verarbeitung dieses Falls von Liebe in den Medien, in den Feuilletons großer Zeitungen, in den Interpretationen hochrangiger Wissenschaftler und Journalisten. Es ist die Geschichte der Verwaltung der Nachlässe, der Diskussionen über Persönlichkeitsrechte. Eine Geschichte, in der viele Stimmen zu Wort kommen. Roger in *Tryptichon* ist der Meinung, die Familie von Francine sehe in ihm deren Mörder. Niemand, der mit einem Schriftsteller, einer Schriftstellerin näher zu tun hat, wird sich wehren können dagegen, im Werk irgendwo zu erscheinen, mehr oder weniger verwandelt.

Max Frisch ist nicht der Mörder Ingeborg Bachmanns. Ingeborg Bachmann ist nicht die Mörderin Frischs. Eine Art Mordgeschichte war diese Liebe dennoch. Sie war aber noch viel mehr.

Zurück ins Jahr 1986. Zurück nach Berzona an den Steintisch zum Gespräch zwischen Max Frisch und Philippe Pilliod. Einer ist übrig geblieben. Einer, der Reue empfindet. Was nicht noch alles hätte sein können. Wie viele ungelebte Möglichkeiten stehen im Raum. Die Geschichte mit Ingeborg Bachmann, sie hätte anders ausgehen können. Sie wollten die Welt umdenken, eine neue Sprache finden.

Im Gespräch mit Philippe Pilliod erzählt Frisch, dass er oft träume von Ingeborg Bachmann. Sie ist aber nie eine reine Traumgestalt gewesen. Sie war real in ihrer Vielgesichtigkeit. Genauso war und ist Max Frisch real, auch er ein Wanderer zwischen verschiedenen Identitäten.

Ausblick

Ob sich ein völlig neues Bild der Beziehung von Ingeborg Bachmann und Max Frisch wird zeichnen lassen, sollte der Briefwechsel irgendwann erscheinen können, bleibt Spekulation. Ein großes Rätsel gibt bezeichnenderweise nach wie vor die Frage auf, ob tatsächlich nirgendwo ein Foto existiert, auf dem die beiden gemeinsam zu sehen sind. Wenn man bedenkt, wie fotogen beide Schriftsteller waren, dass es unzählige Bilder gibt, auf denen sie einzeln und mit anderen Menschen, Freunden, Geliebten, Kolleginnen und Kollegen, sichtbar sind, ist es kaum zu glauben, dass nicht irgendjemand irgendwann ein Foto von ihnen geschossen haben soll.

Der Autorin bleibt zu hoffen, dass sich für die Leserinnen und Leser des vorliegenden Buchs Risse aufgetan haben im festgefügten Bild von einem völligen Scheitern der Beziehung zwischen Max Frisch und Ingeborg Bachmann, und dass sich der Raum für eine differenziertere Auseinandersetzung geöffnet hat.

Dank

Bedanken möchte ich mich bei Margit Unser vom Max-Frisch-Archiv in Zürich für ihre stets freundliche Unterstützung. Ein besonderer Dank geht an Walter Obschlager, der mich immer wieder ermutigt hat, dieses schwierige Projekt voranzutreiben. Danken möchte ich auch Hans Werner Henze (†) und Michael Kerstan für ihre Gastfreundschaft und das offene Gespräch. Ich bedanke mich bei Alexander J. Seiler, Peter von Matt, Gottfried Honegger und Marianne Frisch für die vielen Hinweise. Ebenso danke ich meinen Lektoren Thomas Tebbe und Matthias Teiting für ihr Ringen um die »richtigen« Worte und für die daraus resultierenden spannenden Gespräche. Nicht zuletzt bedanke ich mich bei meiner Familie für ihre Geduld und tatkräftige Unterstützung.

ANHANG

Editorische Notiz

Noch immer ist die Quellenlage, was die Liebesbeziehung von Ingeborg Bachmann und Max Frisch betrifft, dürftig. Die Briefe Bachmanns sind bis zum Jahr 2025 gesperrt. Der Briefwechsel Bachmann-Frisch liegt in den Archiven in Zürich und Wien. In einer Medienmitteilung vom September 2011 wurde darauf hingewiesen, dieser Briefwechsel werde »in naher Zukunft« noch nicht ediert werden können.

Eine wichtige Quelle dieser biografischen Annäherung an eine der spannendsten Dichterbeziehungen des 20. Jahrhunderts sind die bereits edierten Werke und Briefe. Vor allem die *Briefe einer Freundschaft* zwischen Hans Werner Henze und Ingeborg Bachmann und *Herzzeit*, der Briefwechsel zwischen Paul Celan und Ingeborg Bachmann, waren aufschlussreich. Sehr nützlich war die Frisch-Biografie von Julian Schütt, vor allem bezüglich Frischs erster Ehe. Im Max-Frisch-Archiv wurde der Autorin Einsicht gewährt in Notizen Frischs die Beziehung zu Bachmann betreffend. Ebenso zentral waren Gespräche bzw. schriftliche Kontakte der Autorin mit Zeitgenossen, Freunden, Bekannten, Verwandten beider Schriftsteller. Es handelt sich u. a. um Gottfried Honegger, Walter Obschlager, Marianne Frisch, Hans Werner Henze (†), Hugo Loetscher (†), Oswald Döpke (†), Alexander J. Seiler, Peter und Beatrice von

Matt, Peter Hamm. All diese Kontakte haben den Blick geschärft und geholfen, eine eigene Vorstellung von dieser Liebesgeschichte zu entwickeln, auch und gerade dann, wenn die Gespräche, Telefonate, Briefe, Mails die Liebesbeziehung Frisch-Bachmann gar nicht zum zentralen Thema hatten.

Benutzte Literatur und filmisches Material

Agnese, Barbara/Pichl, Robert (Hrsg.): *Topographien einer Künstlerpersönlichkeit. Neue Annäherungen an das Werk Ingeborg Bachmanns.* Würzburg: Verlag Königshausen & Neumann 2009
Albrecht, Monika/Göttsche, Dirk: *Bachmann Handbuch.* Stuttgart/Weimar: Verlag J. B. Metzler 2002
Bachmann, Dieter (Hrsg.): *Ingeborg Bachmann. Das Lächeln der Sphinx.* Du – die Zeitschrift der Kultur. September 1994
Bachmann, Dieter/Walter Obschlager (Hrsg.): *Max Frisch. Ich lebe in Rom, der herrlichsten Stadt der Welt.* Frankfurt/Zürich: Suhrkamp Verlag und Max-Frisch-Archiv 2002
Bachmann, Ingeborg: *Werke.* München: Piper Verlag 2010
Bachmann, Ingeborg: *Die Radiofamilie.* Frankfurt a. M.: Suhrkamp Verlag 2008
Bachmann, Ingeborg: *Todesarten-Projekt.* München: Piper Verlag 1995
Bachmann, Ingeborg/Celan, Paul: *Herzzeit. Briefwechsel.* Frankfurt a. M.: Suhrkamp Verlag 2008
Bachmann, Ingeborg/Henze, Hans Werner: *Briefe einer Freundschaft.* München: Piper Verlag 2004
Bachmann, Ingeborg: *Wir müssen wahre Sätze finden.* München: Piper Verlag 2000

Bachmann, Ingeborg: *Kriegstagebuch*. Berlin: Suhrkamp Verlag 2010

Bachmann, Ingeborg: *Ich weiß keine bessere Welt*. München: Piper Verlag 2000

Bachmann, Ingeborg: *Ein Tag wird kommen. Gespräche in Rom*. Ein Porträt von Gerda Haller. Salzburg/Wien: Verlag Jung und Jung 2005

Böttiger, Helmut: *Die Gruppe 47*. München: Deutsche Verlagsanstalt 2012

Frisch, Max: *Jetzt ist Sehenszeit. Briefe, Notate, Dokumente 1953–1963*. Hrsg. v. Julian Schütt. Frankfurt a. M.: Suhrkamp Verlag 2008

Frisch, Max: *Montauk*. Frankfurt a. M.: Suhrkamp Verlag 1981

Frisch, Max: *Tagebuch 1946–1949*. Frankfurt a. M.: Suhrkamp Verlag 1985

Frisch, Max: *Tagebuch 1966–1971*. Frankfurt a. M.: Suhrkamp Verlag 1979

Frisch, Max: *Schwarzes Quadrat*. Frankfurt a. M.: Suhrkamp Verlag 2008

Frisch, Max: *Gesammelte Werke*. Frankfurt a. M.: Suhrkamp Verlag 1976

Frisch, Max: *Sämtliche Stücke*. Frankfurt a. M.: Suhrkamp Verlag 1995

Frisch, Max: *Entwürfe zu einem dritten Tagebuch*. Berlin: Suhrkamp Verlag 2010

Frisch, Max: *Sämtliche Stücke*. Frankfurt a. M.: Suhrkamp Verlag 1995

Gleichauf, Ingeborg: *Worte, mir nach. Acht Dichterinnen und ihr Leben*. München: Deutscher Taschenbuch Verlag 2008

Gleichauf, Ingeborg: *Jetzt nicht die Wut verlieren.* München: Nagel & Kimche 2010

Hage, Volker: *Max Frisch. Sein Leben in Bildern und Texten.* Berlin: Suhrkamp Verlag 2011

Hamm, Peter: *Auf den Spuren Ingeborg Bachmanns.* Filmporträt 1980

Hemecker, Wilhelm/Mittermayer, Manfred (Hrsg.): *Mythos Bachmann.* Wien: Paul Zsolnay Verlag 2011

Henze, Hans Werner: *Reiselieder mit böhmischen Quinten. Autobiographische Mitteilungen 1926–1995.* Frankfurt a. M.: S. Fischer Verlag 1996

Loetscher, Hugo: *Lesen statt klettern.* Zürich: Diogenes Verlag 2008

Maak, Niklas: *Der gebildete Schrecken von Rom.* Frankfurter Allgemeine Zeitung, 16.03.2005

Magenau, Jörg: *Martin Walser.* Reinbek bei Hamburg: Rowohlt Verlag 2005

Matt, Beatrice von: *Mein Name ist Frisch.* Zürich: Verlag Nagel & Kimche 2011

Meyer-Gosau, Frauke: *Einmal muss das Fest ja kommen.* München: C. H. Beck Verlag 2008

Pilliod, Philippe: *Max Frisch. Gespräche im Alter.* Absolut Medien GmbH Berlin 2011

Pulver, Corinne: *Ein Besuch bei Max Frisch.* Fernsehfilm 1961

Priess, Ursula: *Sturz durch alle Spiegel.* Zürich: Ammann Verlag 2009

Rosteck, Jens: *Hans Werner Henze.* Berlin: Propyläen Verlag 2009

Schütt, Julian: *Max Frisch. Biographie eines Aufstiegs.* Berlin: Suhrkamp Verlag 2011

Seiler, Alexander J./Schärer, Bruno (Hrsg.): *Einspruch. Max Frisch 1911–1991*. Zürich: Limmat Verlag 1991

Seiler, Alexander J.: *Daneben geschrieben*. Baden: hier + jetzt Verlag 2008

Simons, Oliver/Wagner, Elisabeth (Hrsg.): *Bachmanns Medien*. Berlin: Verlag Vorwerk 8 2008

Weidermann, Volker: *Max Frisch*. Köln: Verlag Kiepenheuer & Witsch 2010

Weigel, Sigrid: *Ingeborg Bachmann*. Wien: Paul Zsolnay Verlag 1999

Anmerkungen

Fremde Nähe
1. Die Erstausstrahlung des Films war am 16. Juni 1986 im WDR
2. Max Frisch: Montauk, S. 151
3. Max Frisch: *Entwürfe zu einem dritten Tagebuch*, S. 59

Erste Begegnung
1. Ingeborg Bachmann: *Werke Bd. 1*, S. 106
2. Helmut Böttiger: *Die Gruppe 47*, S. 149 f.
3. Ebd., S. 310
4. Julian Schütt: *Max Frisch*, S. 499
5. Max Frisch: *Jetzt ist Sehenszeit*, S. 108
6. Ebd.
7. Ebd., S. 170
8. Max Frisch: *Montauk*, S. 90
9. Ebd.
10. Ingeborg Bachmann/Paul Celan: *Herzzeit*, S. 12
11. Ebd., S. 90
12. Ingeborg Bachmann: *Wir müssen wahre Sätze finden*, S. 40
13. Max Frisch: *Montauk*, S. 91
14. Ebd.
15. Ebd.
16. Ebd., S. 143
17. Ingeborg Bachmann: *Werke Bd. 3*, S. 254

Bett und Tisch
1. Ingeborg Bachmann: *Werke Bd. 1*, S. 170
2. Vgl. Julian Schütt: *Max Frisch*, S. 499

3 Ingeborg Bachmann: *Werke Bd. 1*, S. 137
4 Ingeborg Bachmann/Paul Celan: *Herzzeit*, S. 94
5 Zitiert nach: Jörg Magenau: *Martin Walser*, S. 142
6 Ingeborg Bachmann/Hans Werner Henze: *Briefe einer Freundschaft*, S. 203
7 Ingeborg Bachmann: *Werke Bd. 1*, S. 170
8 Max Frisch: *Montauk*, S. 142 f.
9 Ingeborg Bachmann/Paul Celan: *Herzzeit*, S. 96
10 Ebd., S. 97
11 Ebd.
12 Ingeborg Bachmann/Hans Werner Henze: *Briefe einer Freundschaft*, S. 211
13 Ingeborg Bachmann: *Die Radiofamilie*, S. 315
14 Ebd., S. 239
15 Zitiert aus Sigrid Weigel: *Ingeborg Bachmann*, S. 371
16 Ingeborg Bachmann: *Todesarten-Projekt*, S. 42
17 Ebd., S. 41
18 Ebd., S. 42
19 Max Frisch: *Tagebuch 1946–1949*, S. 210
20 Gespräch der Autorin mit Gottfried Honegger in Zürich im Januar 2009
21 Julian Schütt: *Max Frisch*, S. 291
22 Ingeborg Bachmann: *Wir müssen wahre Sätze finden*, S. 109
23 Ingeborg Bachmann/Paul Celan: *Herzzeit*, S. 102
24 Ebd., S. 110
25 Max Frisch: *Montauk*, S. 144
26 Ebd., S. 145
27 Ingeborg Bachmann/Paul Celan: *Herzzeit*, S. 110 f.
28 Max Frisch: *Montauk*, S. 146

Asphalt oder blaue Gletscher
1 Max Frisch: *Werke Bd. 1*, S. 227
2 Ingeborg Bachmann/Paul Celan: *Herzzeit*, S. 131
3 Dieter Bachmann (Hrsg.): *Ingeborg Bachmann*, S. 42

[4] Ingeborg Bachmann / Paul Celan: *Herzzeit*, S. 139
[5] Ebd., S. 164
[6] Ingeborg Bachmann: *Wir müssen wahre Sätze finden*, S. 109
[7] Ebd., S. 74
[8] Max Frisch: *Schwarzes Quadrat*, S. 86
[9] Gespräch mit Hans Werner Henze in Marino im Juni 2011
[10] Max Frisch: *Montauk*, S. 147
[11] Ursula Priess: *Sturz durch alle Spiegel*, S. 56
[12] Ingeborg Bachmann: *Werke Bd. 4*, S. 31
[13] Telefonat mit Hugo Loetscher im Mai 2009
[14] Max Frisch: *Schwarzes Quadrat*, S. 19
[15] Ebd., S. 26
[16] Ingeborg Bachmann: *Werke Bd. 4*, S. 258
[17] Corinne Pulver: *Ein Besuch bei Max Frisch*. Fernsehfilm 1961
[18] Max Frisch: *Ich lebe in Rom, der herrlichsten Stadt der Welt*, S. 23
[19] Max Frisch: *Werke Bd. 5*, S. 279
[20] Ingeborg Bachmann: *Wir müssen wahre Sätze finden*, S. 32 f.
[21] Ausstellung Max Frisch in Berzona, Sommer 2011
[22] Ingeborg Bachmann: *Werke Bd. 1*, S. 13
[23] Ingeborg Bachmann: *Werke Bd. 2*, S. 88
[24] Max Frisch: *Sehenszeit*, S. 115
[25] Ingeborg Bachmann: *Werke Bd. 1*, S. 142
[26] Ebd., S. 313
[27] Ingeborg Bachmann: *Todesarten-Projekt, Bd. 1*, S. 51
[28] Max Frisch: *Montauk*, S. 142
[29] Ingeborg Bachmann: *Werke Bd. 1*, S. 625

Poesie und Theatralik
[1] Ingeborg Bachmann: *Werke Bd. 4*, S. 343
[2] Corinne Pulver: *Ein Besuch bei Max Frisch*. Fernsehfilm 1961
[3] Max Frisch: *Montauk*, S. 148

[4] Dieter Bachmann (Hrsg.): *Ingeborg Bachmann*, S. 69
[5] Wilhelm Hemecker/Manfred Mittermayer (Hrsg.): *Mythos Bachmann*, S. 110 ff
[6] Max Frisch: *Montauk*, S. 148

Erfahrungssucht und wortgetreues Leben
[1] Max Frisch: *Entwürfe zu einem dritten Tagebuch*, S. 176
[2] Ingeborg Bachmann: *Werke Bd. 3*, S. 33
[3] Ingeborg Bachmann: *Werke Bd. 1*, S. 12
[4] Ingeborg Bachmann: *Kriegstagebuch*, S. 12
[5] Ebd., S. 22
[6] Ingeborg Bachmann: *Werke Bd. 2*, S. 89
[7] Ebd., S. 23
[8] Peter Hamm: *Auf den Spuren Ingeborg Bachmanns*. Filmporträt 1980
[9] Niklas Maak: *Der gebildete Schrecken von Rom*. Frankfurter Allgemeine Zeitung, 16. 03. 2005
[10] Gespräche mit Alexander J. Seiler 2009
[11] Ingeborg Bachmann: *Werke Bd. 1*, S. 127
[12] Ingeborg Bachmann: *Werke Bd. 4*, S. 258

Ausflüge ins Unbeschwerte
[1] Max Frisch: *Tagebuch 1966–1971*, S. 217
[2] Ingeborg Bachmann: *Werke Bd. 3*, S. 92

Mord ist keine Kunst
[1] Ingeborg Bachmann: *Wir müssen wahre Sätze finden*, S. 89
[2] Volker Hage: *Max Frisch*, S. 236
[3] Gedichtzeilen aus Ingeborg Bachmann: *Ich weiß keine bessere Welt*. S. 58 und 66
[4] Ingeborg Bachmann: *Wir müssen wahre Sätze finden*, S. 144
[5] Ebd., S. 117
[6] Max Frisch: *Montauk*, S. 149
[7] Ingeborg Bachmann: *Werke Bd. 2*, S. 249

[8] Ebd., S. 244
[9] Ingeborg Bachmann: *Wir müssen wahre Sätze finden*, S. 74

Die Nachgeschichte(n)
[1] Max Frisch: *Sämtliche Stücke*, S. 791
[2] Max Frisch: *Montauk*, S. 152 f.
[3] Ingeborg Bachmann / Hans Werner Henze: *Briefe einer Freundschaft*, S. 244
[4] Ingeborg Bachmann: *Todesarten-Projekt*, S. 15
[5] Max Frisch: *Montauk*, S. 90
[6] Beatrice von Matt: *Mein Name ist Frisch*, S. 5
[7] Gespräche mit Gottfried Honegger, Alexander J. Seiler, Peter von Matt im Sommer 2009
[8] Max Frisch: *Sämtliche Stücke*, S. 797
[9] Max Frisch: *Tagebuch 1966–1971*, S. 211
[10] Max Frisch: *Montauk*, S. 151
[11] Ingeborg Bachmann: *Werke Bd. 3*, S. 337
[12] Max Frisch: *Schwarzes Quadrat*, S. 74

Register

Aichinger, Ilse 21
Alcoforado, Mariana 81

Baudelaire, Charles 135
Baumgart, Reinhard 119, 151 f.
Bichsel, Peter 66, 82, 87
Böll, Heinrich 150
Brecht, Bertolt 55, 66

Callas, Maria 59, 115, 120–122
Carey, Alice 14
Celan, Paul 32–34, 39 f., 42 f., 45, 49 f., 53, 58, 67 f., 70, 75, 78–81, 86, 95, 122, 205

Dorst, Tankred 164 f., 169 f., 172
Dürrenmatt, Friedrich 160

Enzensberger, Hans Magnus 69, 95, 150
Évrard, Pierre 32

Flaubert, Gustave 174
Frisch-von Meyenburg, Gertrud (Trudy) 27, 60 f., 67 f., 71, 134

Garbo, Greta 138 f.
Glauser, Friedrich 166

Hamesh, Jack 135
Henze, Hans Werner 24, 42, 45, 47, 49–51, 53, 58 f., 65 f., 71, 86, 122, 145, 153, 155 f., 160, 166, 183, 185 f., 201, 205
Heidegger, Martin 92 f., 188
Hirschfeld, Kurt 108
Hage, Volker 163
Hocke, Gustav René 141 f., 149
Höllerer, Walter 95
Hofmannsthal, Hugo von 82, 135
Honegger, Gottfried 49, 57, 201, 205
Huchel, Peter 96 f.

Johnson, Uwe 103, 141, 149

Kaschnitz, Marie Luise 25
Keller, Gottfried 70

Lestrange, Gisèle 34, 79
Loetscher, Hugo 92 f., 95, 205

Mann, Thomas 135
Matt, Beatrice von 189, 205 f.
Matt, Peter von 201, 205 f.
Mayer, Hans 119
Morante, Elsa 95
Moras, Joachim 55
Moravia, Alberto 95
Murolo, Roberto 123
Musil, Robert 33, 132

Nizon, Paul 95, 150

Oellers, Marianne 14, 16 f., 164 f., 169–172, 184–186, 191 f., 195

Pasolini, Pier Paolo 95

Pilliod, Philippe 9 f., 13 f., 16, 23, 196 f.
Priess, Ursula 128, 141, 157

Richter, Hans Werner 65
Rilke, Rainer Maria 135

Sachs, Nelly 95
Schnitzler, Arthur 135
Seigner-Besson, Madeleine 27 f., 40, 68

Ungaretti, Giuseppe 98, 109, 121
Unseld, Siegfried 41

Walser, Martin 41, 150
Wittgenstein, Ludwig 33, 92–95, 188

Zilligen, Dieter 174
Zweig, Stefan 135

Bildnachweis

Archivio Storico Olivetti, Ivrea: Seite 126
Elisabeth Kaufmann/Archiv Burgtheater, Wien:
 Seite 182
EMMA (www.emma.de): Seite 162
Max Frisch-Archiv, Zürich: Seiten 8, 74 und 114
Kurt Husnik/Piper Verlag, München: Seite 148
Stefan Moses/Max Frisch-Archiv, Zürich: Seite 38
Tobias Ott/VISUM creative: Seite 18

PIPER

Ingeborg Bachmann / Hans Werner Henze
Briefe einer Freundschaft

Herausgegeben von Hans Höller. Mit einem Vorwort von
Hans Werner Henze. 538 Seiten mit 8 Faksimiles.
Piper Taschenbuch

»Ich lehnte mich an sie an, ihr Geist half meiner Schwachheit
auf«, schreibt Hans Werner Henze über Ingeborg Bachmann. Der aufstrebende Komponist erkannte rasch eine Seelenverwandte in der jungen Lyrikerin, das war 1952 in Göttingen. Und noch im selben Jahr setzte ein immer vertrauter
werdender Briefwechsel ein, der über zwei Jahrzehnte anhalten sollte. Freude und Trauer sind unmittelbar spürbar in
den Briefen, die vom Haß auf Nazideutschland sprechen,
von der Flucht in den Süden, nach Italien, und von der schwierigen Beziehung zwischen dem Leben, der eigenen Arbeit
und der Liebe. Im Herzen sind Ingeborg Bachmann und Hans
Werner Henze immer bei ihrer »Pflicht«, der Kunst, bei der
sie gemeinsam an Liedern und einer großen Oper arbeiten.
Herausgegeben, kommentiert und mit einem ausführlichen
biographischen Nachwort versehen von Hans Höller, beleuchten die »Briefe einer Freundschaft« die zentralen Lebensthemen und die intensive Zusammenarbeit zweier herausragender Künstler. Erstmals macht dieser Band dabei
Briefe von Ingeborg Bachmann zugänglich.

PIPER

Ingeborg Bachmann
Werke

Herausgegeben von Christine Koschel, Inge von
Weidenbaum, Clemens Münster.
Band 1: Gedichte • Hörspiele • Libretti • Übersetzungen.
Band 2: Erzählungen.
Band 3: Todesarten: Malina und unvollendete Romane.
Band 4: Essays • Reden • Vermischte Schriften • Anhang.
2304 Seiten. Piper Taschenbuch

Ingeborg Bachmann (1926–1973) schuf mit ihrer Lyrik,
Essayistik und ihrer umfangreichen Prosa eines der eindrucksvollsten schriftstellerischen Werke ihrer Generation.
Die vierbändige Ausgabe versammelt alle wichtigen Texte
in neuer Ausstattung.

»Dieses Œuvre zählt zu den großen dichterischen Leistungen
unseres Jahrhunderts, es ist von jener ›Schönheit, die allem
innewohnt, was rein gedacht und gelebt worden ist‹. Die
Herausgeber haben mit der vierbändigen Ausgabe der
Werke Ingeborg Bachmanns Großes geleistet.«
Neue Zürcher Zeitung